세 마리 토끼 잡는 쓰기

맞춤법+받아쓰기 **2**

NE 능률

이 책을 쓴 분들

이자원(기획 편집자, 〈주니어 플라톤〉 개발, 〈세 마리 토끼 잡는 초등 어휘〉, 〈세 마리 토끼 잡는 초등 독해력〉,
〈세 마리 토끼 잡는 초등 한국사〉, 〈세 마리 토끼 잡는 급수 한자〉 기획 개발)

박수희(기획 편집자, 〈2015개정 교육과정 중학교 한문 교과서〉, 〈중학교 한문 교사용 지도서〉 개발, 〈중학교 한문 평가문제집〉,
〈세 마리 토끼 잡는 초등 한국사〉, 〈세 마리 토끼 잡는 급수 한자〉 기획 개발)

김자호(기획 편집자, 〈주니어 플라톤〉, 〈웅진 스마트올〉, 〈세 마리 토끼 잡는 급수 한자〉 개발, 〈말씨생각씨〉 기획 개발)

유은혜(기획 편집자, 〈장원 한자〉, 〈2009개정 교육과정 한문 교과서〉, 〈세 마리 토끼 잡는 급수 한자〉 개발,
〈해법 한자〉 연재, 전 목동메가스터디 한문 강사)

이 책을 감수한 분들

김성혁(가인초등학교 교사, 〈인터렉티브한 쌍방향 온라인 수업 강의〉 공저)

장원일(신목초등학교 교사, 〈인터렉티브한 쌍방향 온라인 수업 강의〉 공저)

강성희(청대초등학교 교사, 〈EBS 방학생활〉 집필)

임도혁(청봉초등학교 교사)

세마리 토끼잡는 쓰기 맞춤법+받아쓰기 2

1판 2쇄 2022년 1월 25일

총괄 김진홍 | **기획 및 편집** 이보영, 이자원, 박수희 | **펴낸이** 주민홍 | **펴낸곳** ㈜NE능률 | **디자인** 장현순 | **그림** 우지현, 윤유리, 김석류 | **영업** 한기영, 이경구, 박인규, 정철교, 김남준, 김남형, 이우현 | **마케팅** 박혜선, 고유진, 김여진 | **주소** 서울특별시 마포구 월드컵북로 396(상암동) 누리꿈스퀘어 비즈니스타워 10층 (우편번호 03925) | **전화** (02)2014-7114 | **팩스** (02)3142-0356 | **홈페이지** www.nebooks.co.kr | ISBN 979-11-253-3717-1

제조년월 2022년 1월 제조사명 ㈜NE능률 제조국 대한민국 사용연령 7~9세

맞춤법과 받아쓰기, 바른 글씨를
세토 쓰기로 준비하세요!

초등학생 자녀를 둔 대다수 학부모는 맞춤법과 받아쓰기, 바른 글씨는 저절로 나아질 것으로 생각합니다. 나아지는 경우도 많지만, 연습이 부족하면 습관으로 남게 됩니다. 그러므로 **맞춤법을 배우고, 받아쓰기와 바른 글씨 연습은 꼭 필요합니다.**

글자를 처음 쓸 때는 입으로 소리를 내고 글자를 하나씩 씁니다. 우리나라 맞춤법 규정에는 소리와 글자가 다른 것이 있기에 소리 나는 대로 글자를 쓰면 틀릴 수 있습니다. 그러므로 **우리말을 제대로 읽고 쓰기 위해서는 맞춤법을 아는 것이 중요합니다.** 다만, 이제 막 국어를 배우기 시작하는 아이들에게 어려운 맞춤법을 알려주기보다 소리와 표기가 다른 사례를 보여주는 것이 효과적입니다.

소리와 표기가 다른 맞춤법을 확인하는 좋은 방법은 바로 받아쓰기입니다. 누군가 읽어주는 자연스러운 단어와 문장을 받아쓰면서 맞춤법을 활용할 수 있기 때문입니다. **받아쓰기는 소리와 표기가 다른 맞춤법 외에도 띄어쓰기를 자연스럽게 배울 수 있는 훌륭한 도구입니다.** 초등학교 입학 전이나 저학년 때 맞춤법과 받아쓰기를 연습하면 학교생활에 자신감을 가질 수 있습니다.

학교에 가면 직접 손으로 글을 씁니다. 내용도 중요하지만 다른 사람이 내가 쓴 글을 읽을 수 있게 **바른 글씨 역시 중요합니다.** 어릴 때는 손에 힘이 없어서 글자를 갈겨쓸 수 있지만 이것도 하나의 습관이므로 어렸을 때 바로잡는 것이 중요합니다. 간단한 낱말부터 문장까지, 꾸준히 연습하면 누구나 알아볼 수 있는 바른 글씨를 가질 수 있을 것입니다.

〈세 마리 토끼 잡는 쓰기〉는 '맞춤법+받아쓰기' 2권, '바른 글씨' 1권으로 구성되어 있습니다. '맞춤법+받아쓰기'에는 꼭 알아야 할 맞춤법 지식과 여러 번 연습할 수 있는 받아쓰기가 들어 있습니다. 맞춤법은 지루하지 않게 공부할 수 있도록 **재미있는 문장과 삽화를** 넣었고 받아쓰기도 아이 혼자서 할 수 있게 **QR코드를 통해 받아쓰기 음원을 들을 수** 있습니다. '바른 글씨'에는 한글부터 학교에서 사용하는 숫자, 영어, 기호 등을 모두 담았습니다. 특히 **일상생활과 학교에서 사용하는 어휘를 주제별, 과목별로 묶어 학교 공부에 도움이 되도록** 구성했습니다. 저희 교재를 통해 맞춤법은 제대로 알고 받아쓰기에는 자신감이 넘치며, 누구나 알아볼 수 있는 바른 글씨를 쓰는 듬직한 학생으로 자랄 수 있을 것입니다.

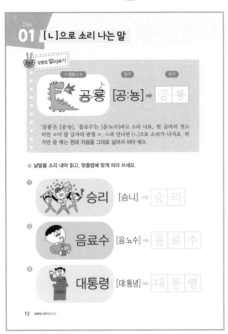

재미있는 그림과 친절한 설명을 통해 맞춤법 원리를 알아봅니다.

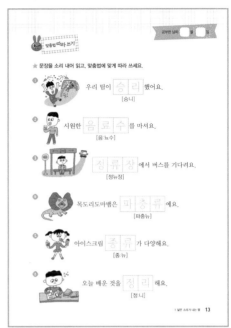

문장을 소리 내어 읽으면서 맞춤법에 맞게 따라 써 봅니다.

① 맞춤법에 맞는 문장 고르기와 고쳐 쓰기, 선 잇기 등 다양한 문제를 통해 맞춤법을 연습합니다.

② 일기, 독서 감상문, 편지 등 아이들이 직접 쓴 글 안에서 맞춤법이 틀린 표현을 찾고 고쳐 써 봅니다.

맞춤법+받아쓰기 평가

앞에서 배운 내용을 정리하고, 낱말과 문장 받아쓰기를 통해 맞춤법 실력을 확인합니다.

띄어쓰기 더하기
맞춤법과 받아쓰기를 할 때 알아야 할 띄어쓰기 상식을 읽어 봅니다.

내용 듣기
QR 코드를 찍어 내용을 듣고 받아쓰기를 평가해 봅니다.

받아쓰기 연습을 통해 이 책에서 공부한 맞춤법을 종합적으로 확인하며 학습을 마무리합니다.

받아쓰기 15회를 끝내면 받아쓰기 왕 상장을 받을 수 있어요!

4. 받침이 두 개인 말 ②

5. 뜻에 맞게 구별해서 써야 하는 말

준비 학습. 원고지 쓰기

받아쓰기 연습을 할 때는 원고지를 활용하는 게 편리해요. 원고지에는 글쓰기를 편하게 할 수 있도록 일정한 모양의 네모 칸이 그려져 있어요. 네모 칸 안에 맞춤법과 띄어쓰기에 맞춰 글씨를 쓰면 받아쓰기가 훨씬 쉬워요. 그럼 원고지 쓰는 방법을 알아볼까요?

★ 한 칸에 한 자를 쓰며, 띄어쓰기할 때는 칸을 비워요.

	날	씨	가	∨	맑	다.	

★ 문장 부호는 한 칸에 하나씩 써요.

	기	분	이	∨	좋	아	요	!

★ 마침표(.), 쉼표(,) 뒤에는 칸을 비우지 않고 바로 이어서 써요.

	친	구	들	과		동	물	원
에		갔	다.		곰	,	호	랑
이	,	펭	귄	을		봤	다.	

★ 느낌표(!), 물음표(?) 뒤에는 한 칸을 비운 다음에 이어서 써요.

	아	!		어	떤		색	을
고	를	까	?		물	감	을	
보	고		생	각	했	어	요	.

★ 문장 부호를 쓸 칸이 없을 때는 글자와 함께 써요.

	인	어		공	주	와		함
께		헤	엄	을		쳤	어	요.

★ 숫자는 한 칸에 두 자를 써야 해요. 세 자리 숫자인 경우에는 한 칸에 두 자리, 나머지 한 칸에 한 자리를 써요.

	20	21	년		5	월		8
일	,	줄	넘	기	를		10	0
번		한		날	.			

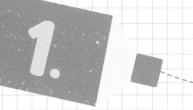

닮은 소리가 나는 말

앞 글자의 받침과 뒤에 오는 글자의 첫소리가 만날 때
모양이 서로 닮은 소리로 나는 말이 있어요.
하지만 쓸 때는 원래 자음을 그대로 살려서 써야 한답니다.

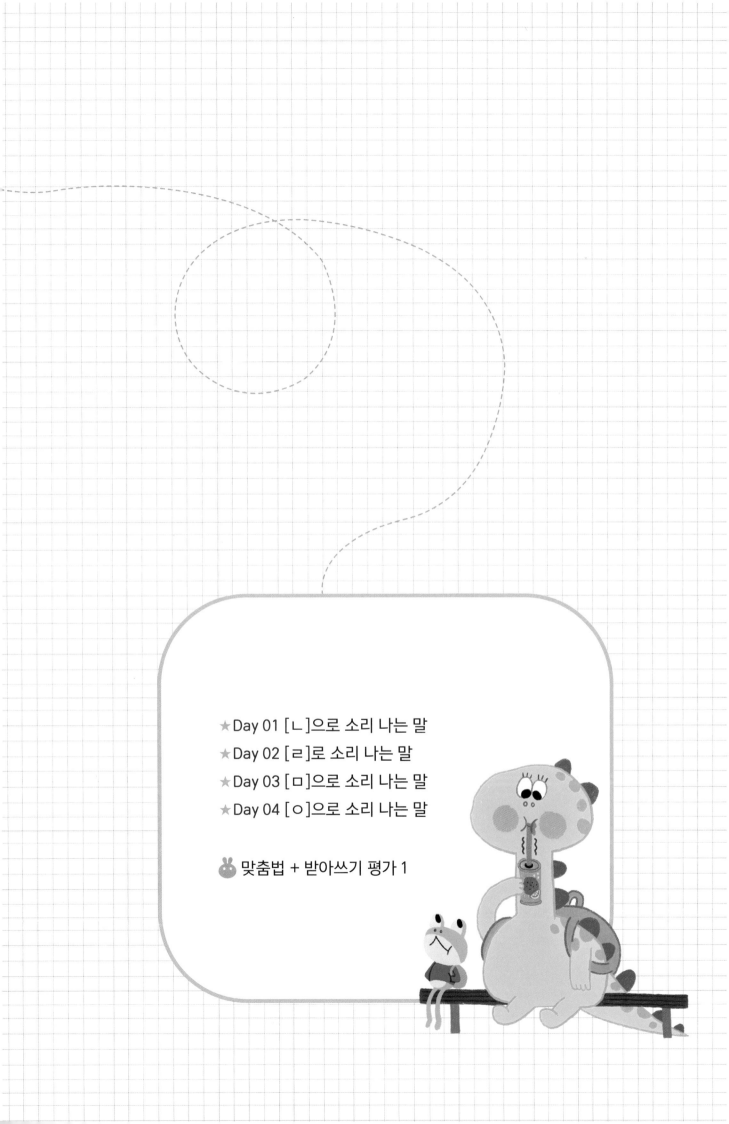

[ㄴ]으로 소리 나는 말

맞춤법 **알아보기**

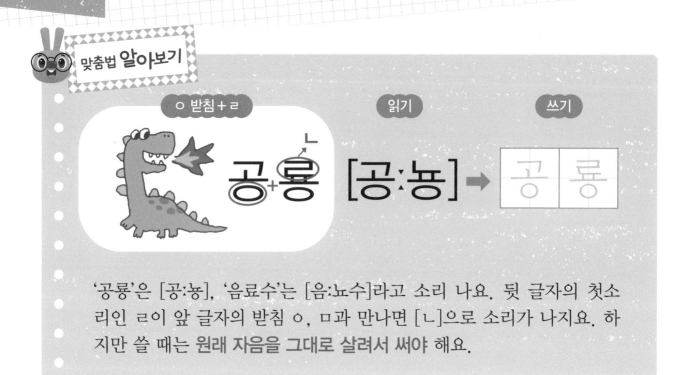

ㅇ 받침+ㄹ	읽기	쓰기
공+룡	[공:뇽] →	공 룡

'공룡'은 [공:뇽], '음료수'는 [음:뇨수]라고 소리 나요. 뒷 글자의 첫소리인 ㄹ이 앞 글자의 받침 ㅇ, ㅁ과 만나면 [ㄴ]으로 소리가 나지요. 하지만 쓸 때는 원래 자음을 그대로 살려서 써야 해요.

★ 낱말을 소리 내어 읽고, 맞춤법에 맞게 따라 쓰세요.

① 승리 [승니] → 승 리

② 음료수 [음:뇨수] → 음 료 수

③ 대통령 [대:통녕] → 대 통 령

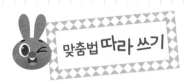 맞춤법 **따라 쓰기**

★ 문장을 소리 내어 읽고, 맞춤법에 맞게 따라 쓰세요.

① 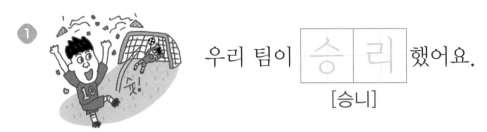 우리 팀이 | 승 | 리 | 했어요.
[승니]

②  시원한 | 음 | 료 | 수 | 를 마셔요.
[음·뇨수]

③  | 정 | 류 | 장 | 에서 버스를 기다려요.
[정뉴장]

④ 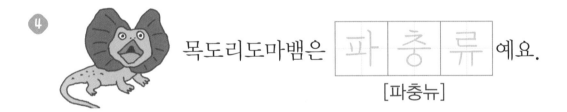 목도리도마뱀은 | 파 | 충 | 류 | 예요.
[파충뉴]

⑤  아이스크림 | 종 | 류 | 가 다양해요.
[종:뉴]

⑥ 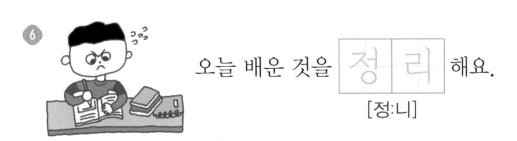 오늘 배운 것을 | 정 | 리 | 해요.
[정:니]

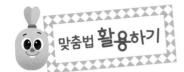
맞춤법 **활용하기**

1 맞춤법에 맞게 쓴 문장을 골라 ○표 하세요.

①
- 내가 좋아하는 <u>음뇨수</u>가 없어요. (　　　)
- 내가 좋아하는 <u>음료수</u>가 없어요. (　　　)

②
- <u>파충류</u>를 기르고 싶어요. (　　　)
- <u>파충뉴</u>를 기르고 싶어요. (　　　)

③
- 새로운 <u>대통녕</u>이 선서를 해요. (　　　)
- 새로운 <u>대통령</u>이 선서를 해요. (　　　)

2 그림을 나타내는 낱말을 맞춤법에 맞게 고쳐 쓰세요.

★ 친구가 쓴 그림일기를 읽고, 아래 질문에 답해 보세요.

3월 10일 목요일 날씨 해가 쨍쨍

나는 세상에서 아이스크림을 가장 좋아한다. 새로운 ❶종뉴의 아이스크림이 나오면 바로 먹어서 아이스❷공뇽이라는 별명도 있다. 나중에 커서 ❸음뇨수를 얼려 새로운 아이스크림을 개발하는 연구원이 되고 싶다. 구름 맛, 무지개 맛 아이스크림을 만들 것이다.

3 맞춤법에 맞지 않은 낱말을 바르게 고쳐 쓰세요.

❶ 종뉴 ➡ | | |

❷ 공뇽 ➡ | | |

❸ 음뇨수 ➡ | | | |

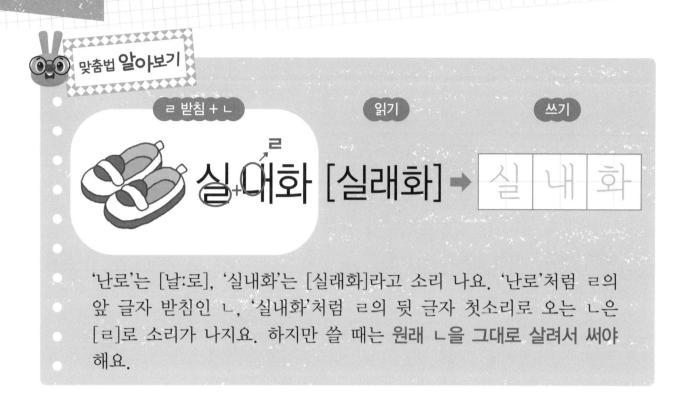

맞춤법 **알아보기**

| ㄹ 받침 + ㄴ | 읽기 | 쓰기 |

실+내화 [실래화] → 실 내 화

'난로'는 [날:로], '실내화'는 [실래화]라고 소리 나요. '난로'처럼 ㄹ의 앞 글자 받침인 ㄴ, '실내화'처럼 ㄹ의 뒷 글자 첫소리로 오는 ㄴ은 [ㄹ]로 소리가 나지요. 하지만 쓸 때는 원래 ㄴ을 그대로 살려서 써야 해요.

★ 낱말을 소리 내어 읽고, 맞춤법에 맞게 따라 쓰세요.

❶ 난로 [날:로] → 난 로

❷ 산신령 [산실령] → 산 신 령

❸ 설날 [설:랄] → 설 날

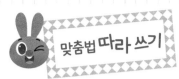 맞춤법 **따라 쓰기**

★ 문장을 소리 내어 읽고, 맞춤법에 맞게 따라 쓰세요.

①  강아지를  훈 련 시켜요.
[훌:련]

②  달 님 에게 소원을 빌어요.
[달림]

③  날씨가 추워서 난 로 를 켰어요.
[날:로]

④  실 내 화 를 연못에 빠뜨렸어요.
[실래화]

⑤  새해에는 줄 넘 기 를 잘하고 싶어요.
[줄럼끼]

⑥  책장은 책을 정리하기 편 리 해요.
[펼리]

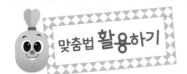

1 맞춤법에 맞게 쓴 문장을 골라 ○표 하세요.

❶

- <u>줄넘기</u> 연습을 해요. (　　　)
- <u>줄럼끼</u> 연습을 해요. (　　　)

❷

- <u>설랄</u>에 떡국을 두 그릇 먹었어요. (　　　)
- <u>설날</u>에 떡국을 두 그릇 먹었어요. (　　　)

2 다음 그림을 보고 만든 문장을 읽고, 알맞은 낱말에 ○표 하세요.

❶ (달님 / 달림)이 밤하늘에서 반짝여요.

❷ 연못에서 (산실령 / 산신령)이 나타났어요.

❸ 내가 잃어버린 (실래화 / 실내화)를 찾아 줬어요.

⭐ 서연이가 은서에게 쓴 편지를 읽고, 아래 질문에 답해 보세요.

은서에게

은서야, 안녕!

오늘 체육 시간에 보니까

네가 우리 반에서 ❶줄럼끼를 제일 잘하는 것 같아.

❷월래 혼자 연습하려고 했는데, 나랑 같이 연습할래?

나는 좀 더 ❸훌련이 필요한 것 같아.

학교 정문 앞에서 기다릴게.

그럼 이따 봐!

– 서연이가

3 맞춤법에 맞지 않은 낱말을 바르게 고쳐 쓰세요.

❶ 줄럼끼 ➡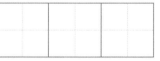

❷ 월래 ➡

❸ 훌련 ➡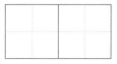

[ㅁ]으로 소리 나는 말

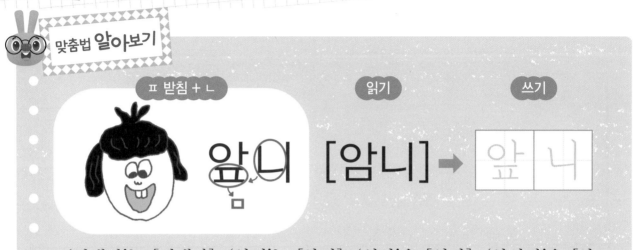

맞춤법 **알아보기**

ㅍ 받침 + ㄴ | 읽기 | 쓰기

앞니 [암니] → 앞 니

'겁내다'는 [검내다], '앞니'는 [암니], '입맛'은 [임맏], '앞마당'은 [암마당]이라고 소리 나요. ㄴ이나 ㅁ의 앞 글자 받침으로 오는 ㅂ, ㅍ은 [ㅁ]으로 소리가 나지요. 하지만 쓸 때는 원래 자음을 그대로 살려서 써야 해요.

★ 낱말을 소리 내어 읽고, 맞춤법에 맞게 따라 쓰세요.

① 겁내다 [검내다] → 겁 내 다

② 앞마당 [암마당] → 앞 마 당

③ 입맛 [임맏] → 입 맛

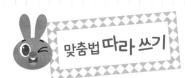

맞춤법 **따라 쓰기**

★ 문장을 소리 내어 읽고, 맞춤법에 맞게 따라 쓰세요.

1

미용실에서 |앞|머|리|를 잘라요.
[암머리]

2

겨울에 |덮|는| 이불은 두꺼워요.
[덤는]

3

옷을 잘 |입|는| 모델이 되고 싶어요.
[임는]

4

|앞|마|당|에서 예쁜 꽃을 찾았어요.
[암마당]

5

|옆|문| 틈으로 모기가 들어왔어요.
[염문]

6

동생이 고양이와 |소|꿉|놀|이|를 해요.
[소꿈노리]

1. 닮은 소리가 나는 말 **21**

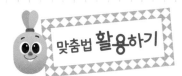

1 다음 그림을 보고, 맞춤법에 맞게 쓴 문장을 선으로 이으세요.

- ㉠ 쓰레기 <u>줍는</u> 아빠를 도와줘요.
- ㉡ 쓰레기 <u>줍는</u> 아빠를 도와줘요.

- ㉠ <u>앞니</u>가 빠져서 밥 먹기 불편해요.
- ㉡ <u>암니</u>가 빠져서 밥 먹기 불편해요.

- ㉠ 동생이 <u>임는</u> 옷은 크기가 작아요.
- ㉡ 동생이 <u>입는</u> 옷은 크기가 작아요.

2 밑줄 친 낱말을 맞춤법에 맞게 고친 것을 보기 에서 골라 쓰세요.

보기	겁나요	앞머리

① 뱀을 만날까 봐 <u>검나요</u>.

→ | | | | |

② <u>암머리</u>가 눈을 가려요.

→ | | | | |

⭐ 친구가 쓴 그림일기를 읽고, 아래 질문에 답해 보세요.

5월 22일 화요일 | 날씨 | 해가 반짝

가족과 캠핑장에 왔다. 동생은 아빠와 ❶소꿈노리를 했고, 누나는
❷암마당에서 고양이랑 놀았다. 나는 요리하고 있는 엄마를 도와드
렸다. 착한 일을 해서 그런지 저녁에 ❸임맏이 좋아서 밥을 두 그릇
이나 먹었다.

3 맞춤법에 맞지 않은 낱말을 바르게 고쳐 쓰세요.

❶ 소꿈노리 ➡ 　　　　

❷ 암마당 ➡ 　　　

❸ 임맏 ➡

[ㅇ]으로 소리 나는 말

맞춤법 **알아보기**

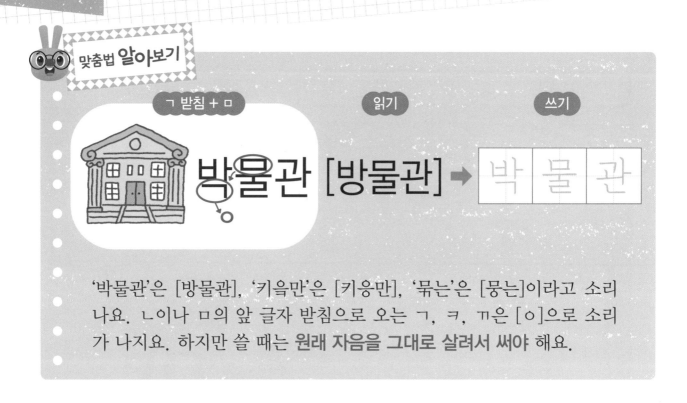

ㄱ 받침 + ㅁ	읽기	쓰기
박물관 [방물관] →		박 물 관

'박물관'은 [방물관], '키읔만'은 [키응만], '묶는'은 [뭉는]이라고 소리 나요. ㄴ이나 ㅁ의 앞 글자 받침으로 오는 ㄱ, ㅋ, ㄲ은 [ㅇ]으로 소리 가 나지요. 하지만 쓸 때는 원래 자음을 그대로 살려서 써야 해요.

★ 낱말을 소리 내어 읽고, 맞춤법에 맞게 따라 쓰세요.

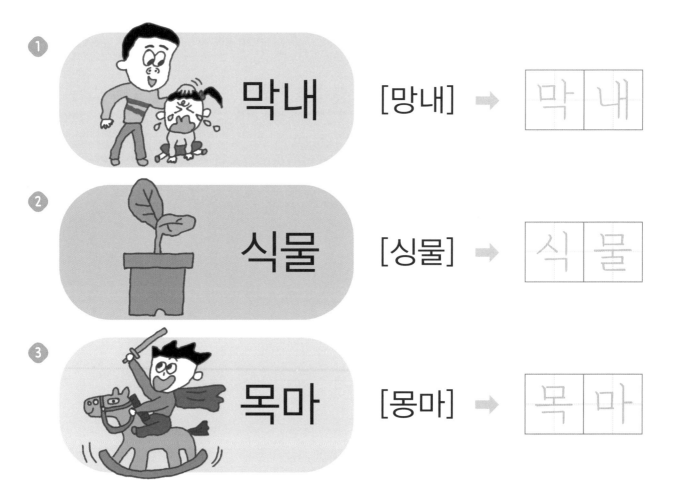

❶ 막내 [망내] ➡ 막 내

❷ 식물 [싱물] ➡ 식 물

❸ 목마 [몽마] ➡ 목 마

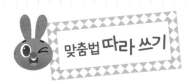 맞춤법 **따라 쓰기**

★ 문장을 소리 내어 읽고, 맞춤법에 맞게 따라 쓰세요.

①

식 물
[싱물]
관찰하는 것을 좋아해요.

②

나는 2 학 년 7반이에요.
[항년]

③

박 물 관 에서 공룡을 만났어요.
[방물관]

④

국 물 한 방울 남기지 않았어요.
[궁물]

⑤

운동화 끈 묶 는 방법을 배웠어요.
[뭉는]

⑥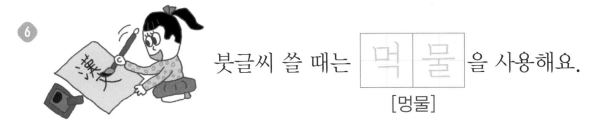

붓글씨 쓸 때는 먹 물 을 사용해요.
[멍물]

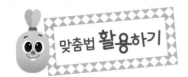

맞춤법 활용하기

1 맞춤법에 맞게 쓴 문장을 골라 ○표 하세요.

① • 오징어가 먹물을 내뿜어요. (　　　)
 • 오징어가 멍물을 내뿜어요. (　　　)

② • 찌개 궁물을 후루룩 마셔요. (　　　)
 • 찌개 국물을 후루룩 마셔요. (　　　)

③ • 붓으로 키응만 썼어요. (　　　)
 • 붓으로 키읔만 썼어요. (　　　)

2 빈칸에 알맞은 낱말을 보기에서 골라 쓰세요.

보기　　　망내　　　막내　　　묶는　　　뭉는

① 할머니가 [　　|　　] 를
업어 줬어요.

② 머리를 예쁘게 [　　|　　]
방법을 알아요.

⭐ 친구가 만든 그림책을 읽고, 아래 질문에 답해 보세요.

❶방물관에 사는 룡룡이와 친구들은 ❷몽마를 타고 야호!

노래를 좋아하는 룡룡이와 친구들은 ❸싱물들과 함께 랄라~ 노래해요.

3 맞춤법에 맞지 않은 낱말을 바르게 고쳐 쓰세요.

❶ 방물관 ➡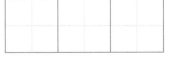

❷ 몽마 ➡

❸ 싱물 ➡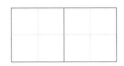

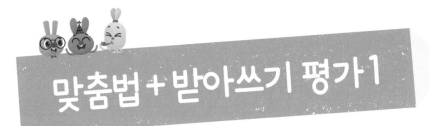

맞춤법 + 받아쓰기 평가1

1 맞춤법에 맞는 말에 ○표 하세요.

❶ 시원한 (**음뇨수** / **음료수**)를 마셔요.

❷ 따뜻한 (**난로** / **날로**) 앞에 앉아 있어요.

❸ (**설랄** / **설날**)에 세뱃돈을 많이 받고 싶어요.

2 밑줄 친 낱말을 바르게 고쳐 쓰세요.

❶ 토끼가 <u>암니</u>로 당근을 씹어 먹어요.

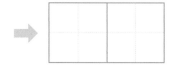

❷ 문어는 위험을 감지하면 <u>멍물</u>을 쏴요.

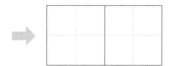

띄어쓰기 더하기

[혼자 쓸 수 없는 말은 띄어 써요.]

'안 먹어'라는 문장에서 '안 ~'은 '음식을 먹지 않는다'를 설명해요. 이처럼 문장을 꾸미거나 상황을 설명하는 말인 '안 ~, ~ 수, ~ 듯'은 앞이나 뒤에 오는 말과 띄어 써야 해요. 문장 안에서 '안 해', '걸어갈 수 있다', '귀찮은 듯' 등으로 쓰인답니다.

내용 듣기
정답은 103쪽을
확인하세요.

⭐ 오른쪽 QR 코드를 찍어 불러 주는 말을 잘 듣고, 받아쓰세요.

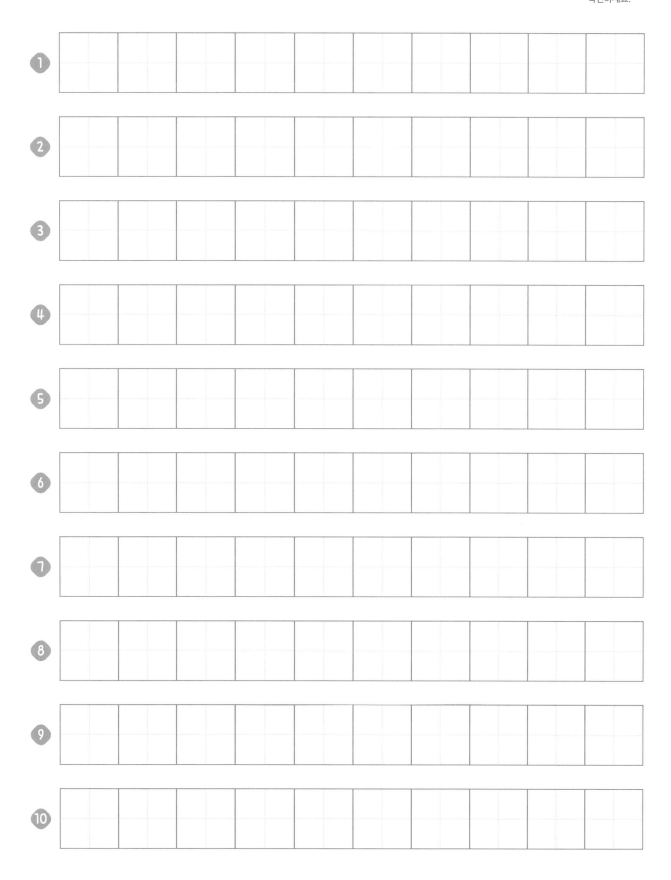

2.

소리와 모양이 다른 말

읽을 때 소리를 쉽게 낼 수 있도록 소리와 모양이 바뀌는 말이 있어요.
특히 두 낱말이 서로 합쳐져서 한 낱말이 될 때
'ㅅ 받침'이 들어가서 모양과 소리가 다르게 나기도 해요.
이때 낱말 사이에 들어간 'ㅅ 받침'을 '사이시옷'이라고 불러요.
이처럼 소리와 모양이 다르지만 쓸 때는 원래 모양을 그대로 살려서 써야 한답니다.

[ㅈ], [ㅊ]으로 소리 나는 말

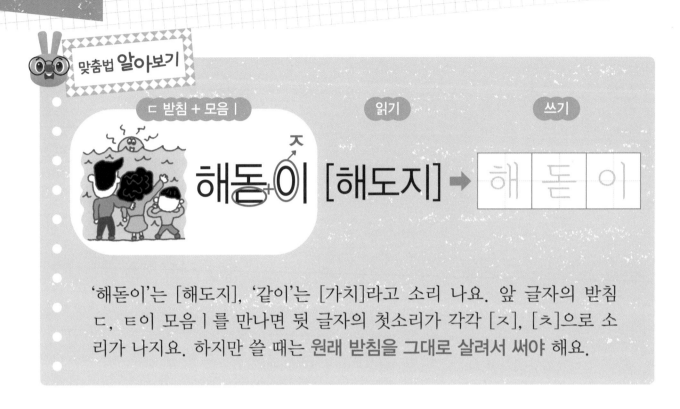

맞춤법 **알아보기**

ㄷ 받침 + 모음 ㅣ   읽기   쓰기

해돋이 [해도지] → 해 돋 이

'해돋이'는 [해도지], '같이'는 [가치]라고 소리 나요. 앞 글자의 받침 ㄷ, ㅌ이 모음 ㅣ를 만나면 뒷 글자의 첫소리가 각각 [ㅈ], [ㅊ]으로 소리가 나지요. 하지만 쓸 때는 원래 받침을 그대로 살려서 써야 해요.

★ 낱말을 소리 내어 읽고, 맞춤법에 맞게 따라 쓰세요.

❶ 턱받이 [턱빠지] → 턱 받 이

❷ 같이 [가치] → 같 이

❸ 붙이다 [부치다] → 붙 이 다

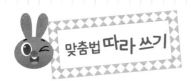
맞춤법 **따라 쓰기**

★ 문장을 소리 내어 읽고, 맞춤법에 맞게 따라 쓰세요.

❶
당근 | 밭 | 이 | 넓어요.
[바치]

❷
칭찬 스티커를 | 붙 | 이 | 고 | 있어요.
[부치고]

❸
| 해 | 돋 | 이 | 여행을 떠나요.
[해도지]

❹
동생의 | 턱 | 받 | 이 | 를 찾았어요.
[턱빠지]

❺
친구와 | 같 | 이 | 문제를 풀어요.
[가치]

❻
이 사막의 | 끝 | 이 | 어디일까요?
[끄치]

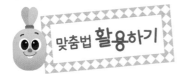

1 맞춤법에 맞게 쓴 문장을 골라 ○표 하세요.

① · 강아지가 <u>샅샅이</u> 냄새를 맡아요. (   )

· 강아지가 <u>샅싸치</u> 냄새를 맡아요. (   )

② · 무지개의 <u>끝이</u> 어디일지 궁금해요. (   )

· 무지개의 <u>끄치</u> 어디일지 궁금해요. (   )

③ · 바람에 <u>미닫이</u>문이 스르륵 닫혀요. (   )

· 바람에 <u>미다지</u>문이 스르륵 닫혀요. (   )

2 그림을 나타내는 낱말을 맞춤법에 맞게 고쳐 쓰세요.

① 해 도 지 ⇨ ☐ ☐ ☐ ☐

② 턱 빠 지 ⇨ ☐ ☐ ☐ ☐

③ 가 치 ⇨ ☐ ☐ ☐

⭐ **친구가 쓴 그림일기를 읽고, 아래 질문에 답해 보세요.**

> 6월 19일 토요일 | 날씨 | 해가 쨍쨍
>
> 오랜만에 할머니 댁에 놀러 갔다. 앞마당에 넓은 ❶바치 있었다. 오늘
> 은 가족들과 다 ❷가치 상추와 고추를 심기로 했다. 상추와 고추를 바
> 로 옆에 ❸부치면 안 된다고 해서 서로 띄엄띄엄 간격을 두고 심었다.

3 맞춤법에 맞지 않은 낱말을 바르게 고쳐 쓰세요.

❶ 바치 ➡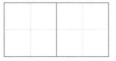

❷ 가치 ➡

❸ 부치면 ➡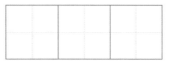

[ㅋ], [ㅌ]으로 소리 나는 말

맞춤법 **알아보기**

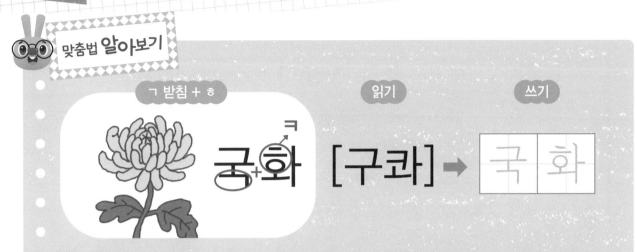

ㄱ 받침 + ㅎ   읽기   쓰기

ㅋ

궁+화   [구콰] → 국 화

'국화'는 [구콰], '맏형'은 [마텅], '파랗게'는 [파:라케], '파랗다'는 [파:라타]라고 소리 나요. 앞 글자의 ㄱ, ㄷ 받침과 만난 ㅎ은 [ㅋ], [ㅌ]으로 소리 나고, 앞 글자의 ㅎ 받침과 만난 ㄱ, ㄷ은 [ㅋ], [ㅌ]으로 소리가 나지요. 하지만 쓸 때는 원래 받침과 자음을 그대로 살려서 써야 해요.

★ 낱말을 소리 내어 읽고, 맞춤법에 맞게 따라 쓰세요.

① 맏형   [마텅] → 맏 형

② 파랗게   [파:라케] → 파 랗 게

③ 쌓다   [싸타] → 쌓 다

 맞춤법 **따라 쓰기**

★ 문장을 소리 내어 읽고, 맞춤법에 맞게 따라 쓰세요.

① 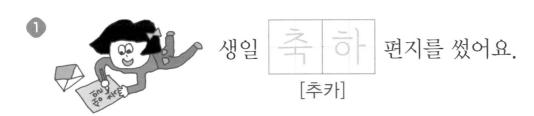 생일 ⬚축⬚하⬚ 편지를 썼어요.
[추카]

② 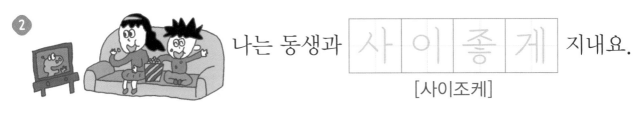 나는 동생과 ⬚사⬚이⬚좋⬚게⬚ 지내요.
[사이조케]

③  귤이 ⬚노⬚랗⬚게⬚ 변해요.
[노:라케]

④ 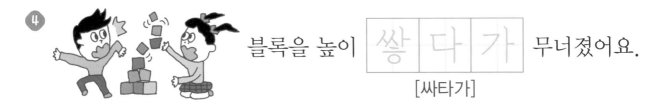 블록을 높이 ⬚쌓⬚다⬚가⬚ 무너졌어요.
[싸타가]

⑤ 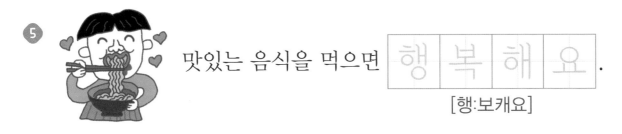 맛있는 음식을 먹으면 ⬚행⬚복⬚해⬚요⬚.
[행:보캐요]

⑥ 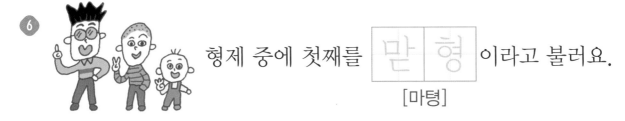 형제 중에 첫째를 ⬚맏⬚형⬚ 이라고 불러요.
[마텽]

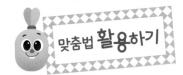

1 다음 그림을 보고, 맞춤법에 맞게 쓴 문장을 선으로 이으세요.

- ㉠ <u>식혜</u>는 전통 음료예요.
- ㉡ <u>시케</u>는 전통 음료예요.

- ㉠ 준수는 <u>마텽</u>처럼 듬직해요.
- ㉡ 준수는 <u>맏형</u>처럼 듬직해요.

2 다음 그림을 보고 만든 문장을 읽고, 알맞은 낱말에 ○표 하세요.

❶ 친구들과 (**국화** / **구콰**) 축제에 갔어요.

❷ 온통 (**노라케** / **노랗게**) 물들었어요.

❸ 아름다운 꽃을 보면 (**행보캐요** / **행복해요**).

★ 친구가 쓴 관찰 일지를 읽고, 아래 질문에 답해 보세요.

날짜: 9월 3일

마당에 ❶구콰꽃이 5송이 늘어났다.

자세히 보니 색과 높이가 조금씩 달랐다.

다른 종류의 꽃일까?

가장 큰 꽃이 ❷마텽인 것 같다.

꽃들이 ❸사이조케 자랐으면 좋겠다.

3 맞춤법에 맞지 않은 낱말을 바르게 고쳐 쓰세요.

❶ 구콰

❷ 마텽

❸ 사이조케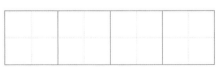

[ㅊ], [ㅍ]으로 소리 나는 말

맞춤법 **알아보기**

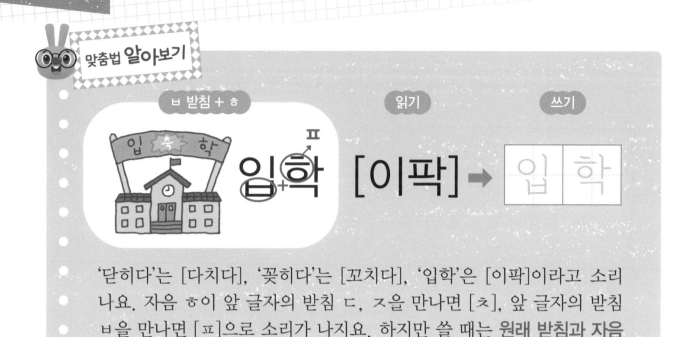

| ㅂ 받침 + ㅎ | 읽기 | 쓰기 |

입학 [이팍] → 입 학

'닫히다'는 [다치다], '꽂히다'는 [꼬치다], '입학'은 [이팍]이라고 소리 나요. 자음 ㅎ이 앞 글자의 받침 ㄷ, ㅈ을 만나면 [ㅊ], 앞 글자의 받침 ㅂ을 만나면 [ㅍ]으로 소리가 나지요. 하지만 쓸 때는 원래 받침과 자음을 그대로 살려서 써야 해요.

★ 낱말을 소리 내어 읽고, 맞춤법에 맞게 따라 쓰세요.

① 곱하기 [고파기] → 곱 하 기

② 꽂히다 [꼬치다] → 꽂 히 다

③ 맺히다 [매치다] → 맺 히 다

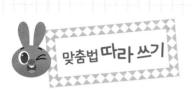
맞춤법 **따라 쓰기**

★ 문장을 소리 내어 읽고, 맞춤법에 맞게 따라 쓰세요.

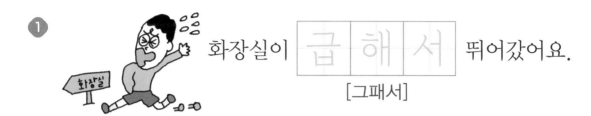

① 화장실이 급해서 뛰어갔어요.
[그패서]

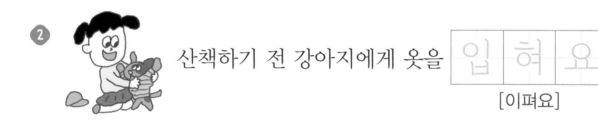

② 산책하기 전 강아지에게 옷을 입혀요.
[이펴요]

③ 눈물이 맺힌 채 슬픈 영화를 봤어요.
[매친]

④ 굳게 닫힌 문을 보고 돌아갔어요.
[다친]

⑤ 동생과 내가 힘을 합하면 걱정 없어요.
[하파면]

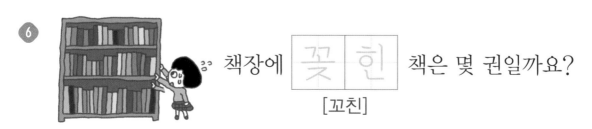

⑥ 책장에 꽂힌 책은 몇 권일까요?
[꼬친]

1 맞춤법에 맞게 쓴 문장을 골라 ○표 하세요.

1
- 2 <u>곱하기</u> 1은 무엇일까요? (   )
- 2 <u>고파기</u> 1은 무엇일까요? (   )

2
- 콧물이 <u>매친</u> 채 서 있어요. (   )
- 콧물이 <u>맺힌</u> 채 서 있어요. (   )

3
- 성격이 <u>그판</u> 아빠의 별명은 번개예요. (   )
- 성격이 <u>급한</u> 아빠의 별명은 번개예요. (   )

2 밑줄 친 낱말을 맞춤법에 맞게 고쳐 쓰세요.

1

엄마가 아기에게 바지를 <u>이펴요</u>.

2

꽃병에 <u>꼬친</u> 빨간 장미가 예뻐요.

⭐ 준서가 쓴 편지를 읽고, 아래 질문에 답해 보세요.

보고 싶은 아빠에게

아빠, 오늘은 구구단을 외우다가

눈물이 ❶매친 채 콧물이 흘렀어요.

❷고파기는 정말 어려운 것 같아요.

중학교 ❸이팍 전까지 수학 공부를 열심히 할 거예요.

그럼 이제 잘게요. 안녕히 주무세요.

– 아들 준서가

2×1=2   3×3=9

2×3=6

3 맞춤법에 맞지 않은 낱말을 바르게 고쳐 쓰세요.

❶ 매친

❷ 고파기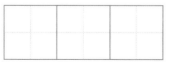

❸ 이팍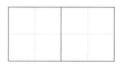

[ㄴ], [ㄹ]소리가 덧붙는 말

맞춤법 **알아보기**

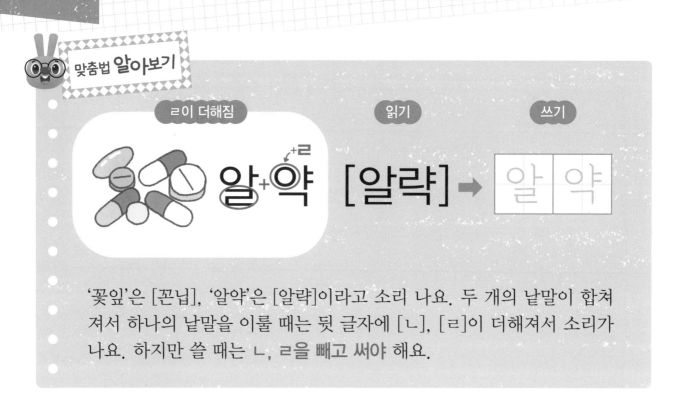

ㄹ이 더해짐 | 읽기 | 쓰기

알+약 [알략] → 알 약

'꽃잎'은 [꼰닙], '알약'은 [알략]이라고 소리 나요. 두 개의 낱말이 합쳐져서 하나의 낱말을 이룰 때는 뒷 글자에 [ㄴ], [ㄹ]이 더해져서 소리가 나요. 하지만 쓸 때는 ㄴ, ㄹ을 **빼고 써야** 해요.

★ 낱말을 소리 내어 읽고, 맞춤법에 맞게 따라 쓰세요.

❶ 색연필 [생년필] → 색 연 필

❷ 한여름 [한녀름] → 한 여 름

❸ 꽃잎 [꼰닙] → 꽃 잎

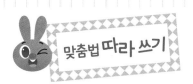
맞춤법 따라 쓰기

★ 문장을 소리 내어 읽고, 맞춤법에 맞게 따라 쓰세요.

1  송편에서 　솔　잎　 향기가 나요.
[솔립]

2  생일 선물로 　색　연　필　을 받았어요.
[생년필]

3  할아버지 　알　약　 꼭 챙겨 드세요.
[알략]

4  고양이가 　담　요　 위에서 잠을 자요.
[담:뇨]

5  친구를 　지　하　철　역　에서 기다려요.
[지하철력]

6  　한　여　름　 밤에 숲속에서 별을 봤어요.
[한녀름]

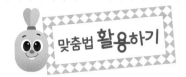 맞춤법 **활용하기**

1 그림에 알맞은 낱말을 골라 ○표 하세요.

다람쥐가 (솔립 / 솔잎)
향기를 맡아요.

달콤한 케이크를 (한입 / 한닙)
가득 먹었어요.

2 그림을 나타내는 낱말을 맞춤법에 맞게 고쳐 쓰세요.

① 한 녀 름 ⇒

② 담 뇨 ⇒

③ 알 락 ⇒

⭐ 나윤이와 윤정이가 나눈 문자 메시지를 읽고, 아래 질문에 답해 보세요.

← 윤정이

나윤아, 미술 숙제 ❶꼰닙 그리기 다 했어?

아니, 학교에 ❷색년필을 두고 와서 못 했어.

내가 빌려줄게. 같이 숙제할까?

좋아! 그럼 내가 ❸지하철력으로 나갈게.

3 맞춤법에 맞지 않은 낱말을 바르게 고쳐 쓰세요.

❶ 꼰닙 ➡

❷ 색년필 ➡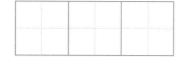

❸ 지하철력 ➡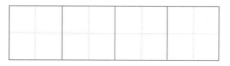

사이시옷이 붙는 말 ①

맞춤법 알아보기

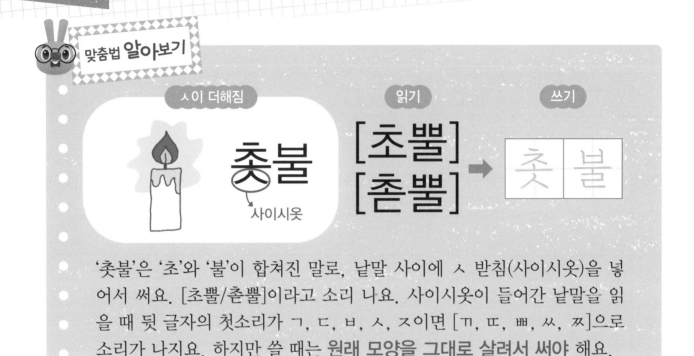

ㅅ이 더해짐	읽기	쓰기
촛불 ← 사이시옷	[초뿔] [촏뿔] →	촛 불

'촛불'은 '초'와 '불'이 합쳐진 말로, 낱말 사이에 ㅅ 받침(사이시옷)을 넣어서 써요. [초뿔/촏뿔]이라고 소리 나요. 사이시옷이 들어간 낱말을 읽을 때 뒷 글자의 첫소리가 ㄱ, ㄷ, ㅂ, ㅅ, ㅈ이면 [ㄲ, ㄸ, ㅃ, ㅆ, ㅉ]으로 소리가 나지요. 하지만 쓸 때는 원래 모양을 그대로 살려서 써야 해요.

★ 낱말을 소리 내어 읽고, 맞춤법에 맞게 따라 쓰세요.

❶ 맷돌 [매똘] [맫똘] → 맷 돌

❷ 빗자루 [비짜루] [빋짜루] → 빗 자 루

❸ 하굣길 [하ː교낄] [하ː굗낄] → 하 굣 길

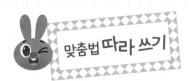
맞춤법 **따라 쓰기**

★ 문장을 소리 내어 읽고, 맞춤법에 맞게 따라 쓰세요.

①  놀라서 | 콧 | 구 | 멍 | 이 커졌어요.
[코꾸멍/콛꾸멍]

②  | 바 | 닷 | 가 | 에서 물놀이를 해요.
[바다까/바닫까]

③  멀리서 | 노 | 랫 | 소 | 리 | 가 들려요.
[노래쏘리/노랟쏘리]

④  | 빗 | 방 | 울 | 이 떨어지기 시작해요.
[비빵울/빋빵울]

⑤  작은 | 나 | 뭇 | 가 | 지 | 도 소중해요.
[나무까지/나묻까지]

⑥  커다란 | 비 | 눗 | 방 | 울 | 을 만들어요.
[비누빵울/비눋빵울]

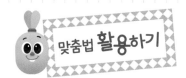

1 맞춤법에 맞게 쓴 문장을 골라 ○표 하세요.

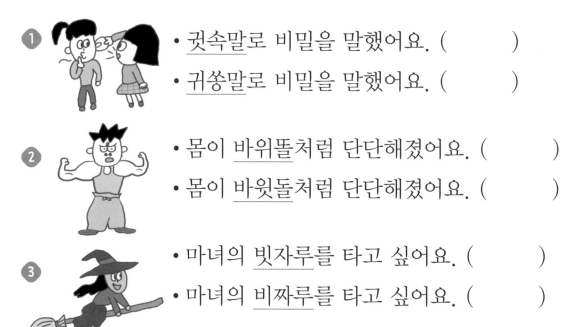

① • 귓속말로 비밀을 말했어요. (　　　)
• 귀쏙말로 비밀을 말했어요. (　　　)

② • 몸이 바위똘처럼 단단해졌어요. (　　　)
• 몸이 바윗돌처럼 단단해졌어요. (　　　)

③ • 마녀의 빗자루를 타고 싶어요. (　　　)
• 마녀의 비짜루를 타고 싶어요. (　　　)

2 그림을 나타내는 낱말을 맞춤법에 맞게 고쳐 쓰세요.

① 비 빵 울 ⇨

② 매 똘 ⇨

③ 바 다 까 ⇨

★ 친구가 쓴 그림일기를 읽고, 아래 질문에 답해 보세요.

| 4월 | 22일 | 금요일 | 날씨 | 구름이 뭉게뭉게 |

오늘은 4월 22일 지구의 날! 지구를 위해 30분 동안 집에 있는 불을 다 끄기로 했다. 가족 모두 ❶초뿔 앞에 모여서 그림자놀이를 했다.

그리고 ❷코빠람으로 불을 끄는 놀이도 했다. 아빠는 큰 ❸코꾸멍으로 불을 가장 많이 껐다.

3 맞춤법에 맞지 않은 낱말을 바르게 고쳐 쓰세요.

❶ 초뿔 ➡

❷ 코빠람 ➡

❸ 코꾸멍 ➡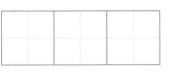

사이시옷이 붙는 말 ②

맞춤법 **알아보기**

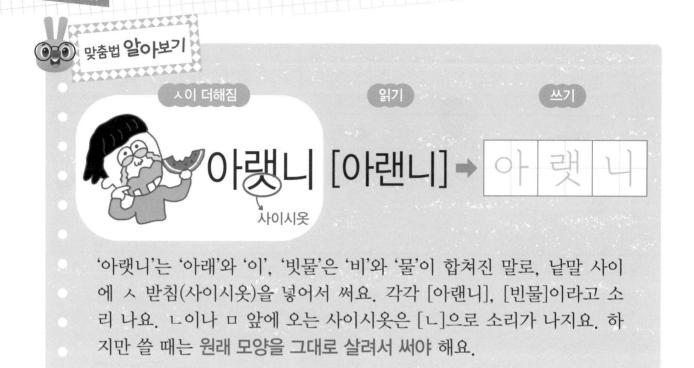

ㅅ이 더해짐   읽기   쓰기

아랫니 [아랜니] → 아 랫 니

사이시옷

'아랫니'는 '아래'와 '이', '빗물'은 '비'와 '물'이 합쳐진 말로, 낱말 사이에 ㅅ 받침(사이시옷)을 넣어서 써요. 각각 [아랜니], [빈물]이라고 소리 나요. ㄴ이나 ㅁ 앞에 오는 사이시옷은 [ㄴ]으로 소리가 나지요. 하지만 쓸 때는 원래 모양을 그대로 살려서 써야 해요.

⭐ 낱말을 소리 내어 읽고, 맞춤법에 맞게 따라 쓰세요.

❶ 빗물 [빈물] → 빗 물

❷ 시냇물 [시:낸물] → 시 냇 물

❸ 잇몸 [인몸] → 잇 몸

맞춤법 **따라 쓰기**

⭐ 문장을 소리 내어 읽고, 맞춤법에 맞게 따라 쓰세요.

① 나는 콧날 이 오뚝해요.
　　　[콘날]

② 무서워서 뒷머리 가 오싹해요.
　　　　　[뒨ː머리]

③ 양칫물 은 컵에 담아서 사용해요.
　　[양친물]

④ 빗물 은 강으로 흘러 바다까지 가요.
　　[빈물]

⑤ 먼 훗날 에 다시 만나자고 약속했어요.
　　[훈ː날]

⑥ 선장님이 뱃머리 를 돌려요.
　　　　　[밴머리]

2. 소리와 모양이 다른 말　**53**

1 맞춤법에 맞게 쓴 문장을 골라 ○표 하세요.

1
- 어제부터 <u>인몸</u>이 아파요. (   )
- 어제부터 <u>잇몸</u>이 아파요. (   )

2
- <u>빗물</u>을 받아서 화분에 물을 줘요. (   )
- <u>빈물</u>을 받아서 화분에 물을 줘요. (   )

2 밑줄 친 낱말을 맞춤법에 맞게 고쳐 쓰세요.

1

오빠는 <u>콘날</u>이 날카로워요.

➡

2

큰 파도가 <u>밴머리</u>에 부딪쳤어요.

➡

3

맑은 <u>시낻물</u>에서 물고기가 헤엄쳐요.

➡

★ 친구가 쓴 단어장을 읽고, 아래 질문에 답해 보세요.

★오늘 익힌 단어★

〈새로운 말〉

❶훈날: 시간이 지나고 나서 뒤에 올 날.

〈비슷한말〉

다음날: 정하여 지지 아니한 미래의 어떤 날.

〈반대말〉

❷아랜니 ↔ 윗니

앞머리 ↔ ❸뒨머리

3 맞춤법에 맞지 않은 낱말을 바르게 고쳐 쓰세요.

❶ 훈날 ➡

❷ 아랜니 ➡

❸ 뒨머리 ➡

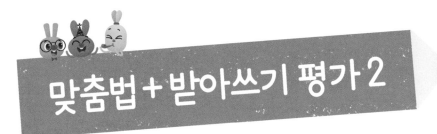

맞춤법+받아쓰기 평가 2

1 맞춤법에 맞는 말에 ○표 하세요.

❶ 친구와 (가치 / 같이) 노래를 불러요.

❷ (나뭇가지 / 나묻까지)를 꺾으면 안 돼요.

❸ 날씨가 추워서 (담요 / 담뇨)를 덮었어요.

2 밑줄 친 낱말을 바르게 고쳐 쓰세요.

❶ <u>하교낄</u>에 친구들을 많이 만나요.

❷ 아침부터 <u>인몸</u>이 아파서 병원에 가요.

띄어쓰기 더하기

[낱말과 낱말을 이어주는 말은 어떻게 띄어 쓸까요?]

축구 경기를 볼 때, '대한민국 대 호주'라는 문장을 본 적 있나요? 여기서 쓰인 '대'는 두 개의 낱말을 이어 줄 때 사용하는 말이에요. 비슷한 말로 '및', '겸'이 있어요. 이처럼 두 낱말을 이어 주는 말은 앞과 뒤에 있는 단어와 띄어 써야 한답니다.

내용 듣기
정답은 106쪽을
확인하세요.

⭐ 오른쪽 QR 코드를 찍어 불러 주는 말을 잘 듣고, 받아쓰세요.

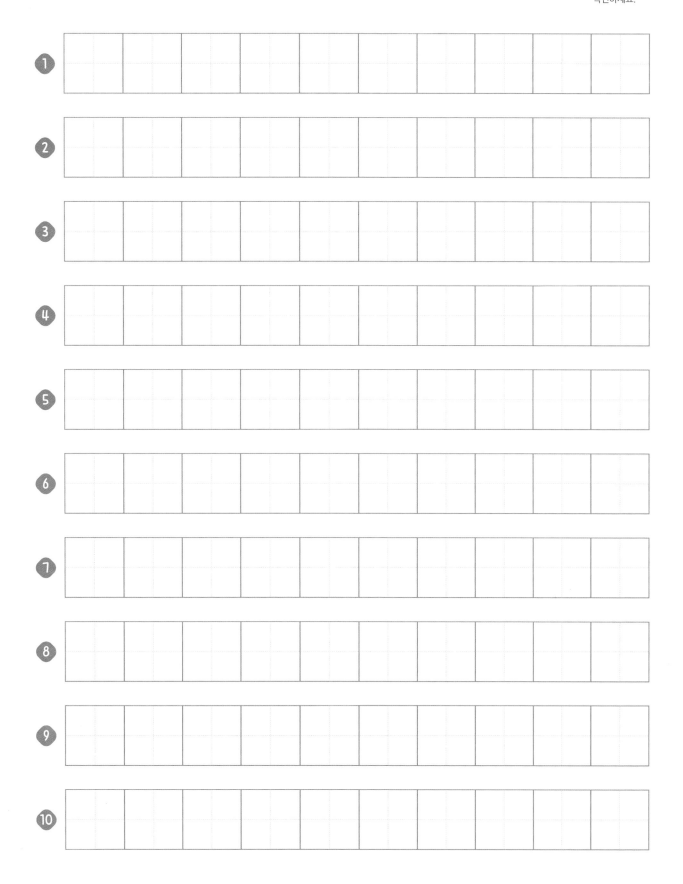

받침이 두 개인 말 ①

ㄳ, ㄵ, ㅄ과 같이 서로 다른 두 개의 자음으로 이루어진 받침을
겹받침이라고 해요. 겹받침이 쓰인 낱말은 읽을 때
하나의 받침만 소리 나는 경우가 있지요.
하지만 쓸 때는 원래 받침을 그대로 살려서 써야 한답니다.

★Day 11 받침이 ㄳ, ㄵ, ㅄ인 말

★Day 12 받침이 ㄼ, ㄾ인 말

맞춤법 + 받아쓰기 평가 3

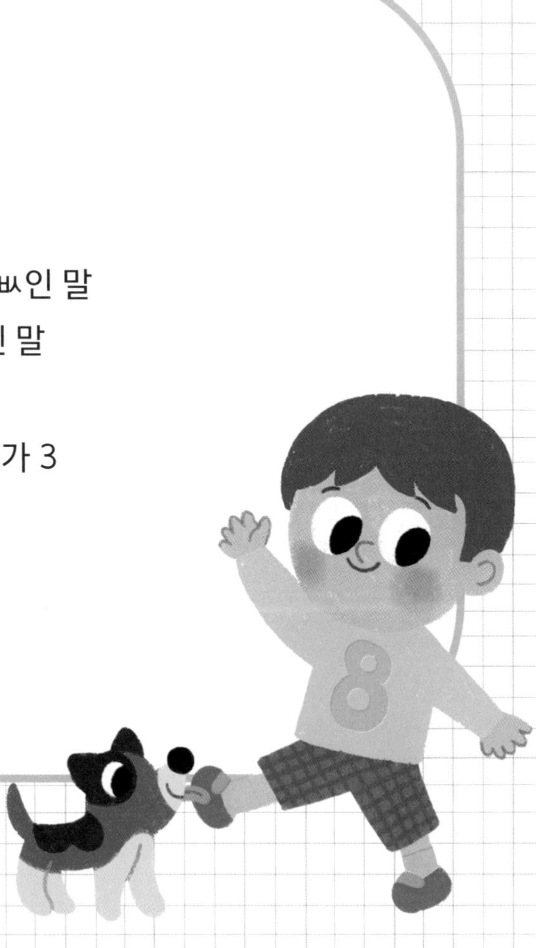

받침이 ㄳ, ㄵ, ㅄ인 말

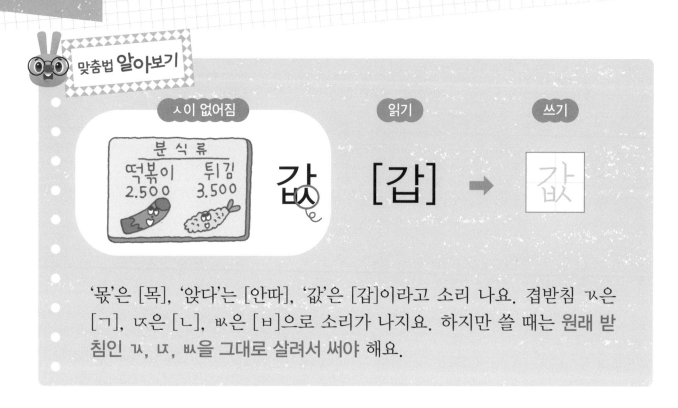

ㅅ이 없어짐   읽기   쓰기

분식류
떡볶이 2.500   튀김 3.500

값   [갑] →   값

'몫'은 [목], '앉다'는 [안따], '값'은 [갑]이라고 소리 나요. 겹받침 ㄳ은 [ㄱ], ㄵ은 [ㄴ], ㅄ은 [ㅂ]으로 소리가 나지요. 하지만 쓸 때는 원래 받침인 ㄳ, ㄵ, ㅄ을 그대로 살려서 써야 해요.

⭐ 낱말을 소리 내어 읽고, 맞춤법에 맞게 따라 쓰세요.

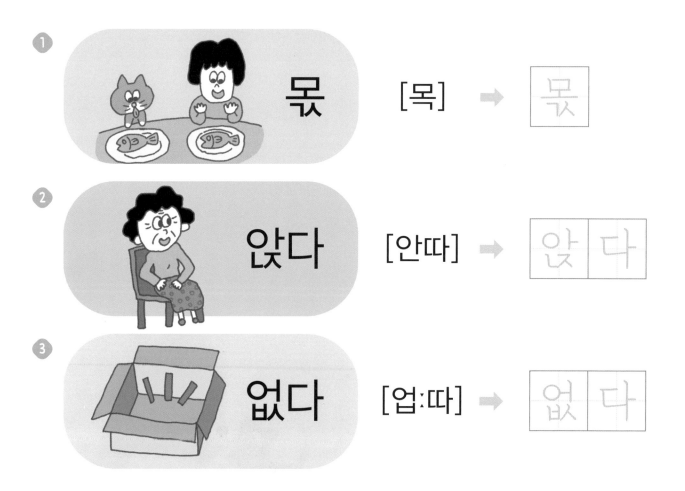

1 몫   [목] →   몫

2 앉다   [안:따] →   앉 다

3 없다   [업:따] →   없 다

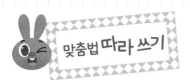
맞춤법 따라 쓰기

★ 문장을 소리 내어 읽고, 맞춤법에 맞게 따라 쓰세요.

①  영화를 　넋　 놓고 봤어요.
[넉]

②  오늘은 숙제가 　없　어　요　.
[업:써요]

③  길 잃은 강아지가 　가　엾　어　요　.
[가:엽써요]

④  나는 오빠 　몫　까지 먹었어요.
[목]

⑤ 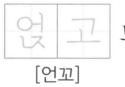 손 위에 손을 　얹　고　 모두 응원했어요.
[언꼬]

⑥  나무 밑에 　앉　아　서　 쉬고 있어요.
[안자서]

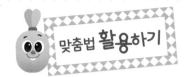
맞춤법 **활용하기**

1 맞춤법에 맞게 쓴 문장을 골라 ○표 하세요.

① • 공원에 아무도 <u>업써요</u>. (   )
  • 공원에 아무도 <u>없어요</u>. (   )

② • 일한 <u>품삯</u>으로 쌀을 받았어요. (   )
  • 일한 <u>품싹</u>으로 쌀을 받았어요. (   )

③ • 엄마의 사랑은 <u>값</u>을 따질 수 없어요. (   )
  • 엄마의 사랑은 <u>갑</u>을 따질 수 없어요. (   )

2 밑줄 친 낱말을 맞춤법에 맞게 고쳐 쓰세요.

①
<u>넉</u>은 정신과 의미가 비슷해요.
➡

②
고양이가 내 무릎에 손을 <u>언꼬</u> 쳐다봐요.
➡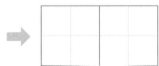

⭐ 친구가 쓴 알림장을 보고, 아래 질문에 답해 보세요.

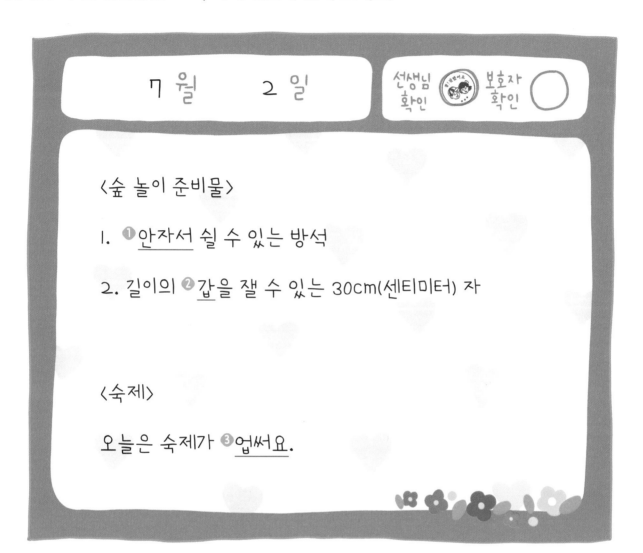

7 월   2 일

선생님 확인   보호자 확인 ◯

〈숲 놀이 준비물〉

1. ❶안자서 쉴 수 있는 방석

2. 길이의 ❷갑을 잴 수 있는 30cm(센티미터) 자

〈숙제〉

오늘은 숙제가 ❸업써요.

3 맞춤법에 맞지 않은 낱말을 바르게 고쳐 쓰세요.

❶ 안자서 ➡

❷ 갑 ➡

❸ 업써요 ➡

받침이 ㄼ, ㄾ인 말

맞춤법 **알아보기**

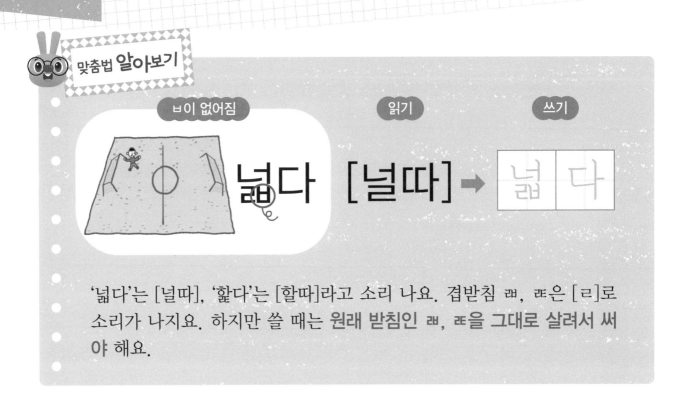

ㅂ이 없어짐 　　　　　　　읽기　　　　　쓰기

넓다　[널따] ➡ 넓 다

'넓다'는 [널따], '핥다'는 [할따]라고 소리 나요. 겹받침 ㄼ, ㄾ은 [ㄹ]로 소리가 나지요. 하지만 쓸 때는 원래 받침인 ㄼ, ㄾ을 그대로 살려서 써야 해요.

⭐ 낱말을 소리 내어 읽고, 맞춤법에 맞게 따라 쓰세요.

① 핥다　[할따] ➡ 핥 다

② 여덟　[여덜] ➡ 여 덟

③ 짧다　[짤따] ➡ 짧 다

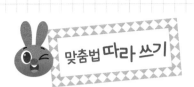
맞춤법 **따라 쓰기**

★ 문장을 소리 내어 읽고, 맞춤법에 맞게 따라 쓰세요.

1  안 익은 감은 너무
[떫:버요]

2   운동장에서 뛰어놀아요.
[널븐]

3  줄넘기가  넘어졌어요.
[짤바서]

4  책을 대충  봤어요.
[훌터]

5 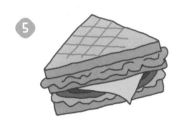 빵 사이에 치즈를  깔았어요.
[얄:께]

6  아이스크림은  먹어야 맛있어요.
[할타]

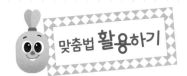

1 맞춤법에 맞게 쓴 문장을 골라 ○표 하세요.

① • 알림장을 <u>훑어</u>봤어요. (   )
• 알림장을 <u>훌터</u>봤어요. (   )

② • <u>넓은</u> 공원에서 자전거를 타요. (   )
• <u>널븐</u> 공원에서 자전거를 타요. (   )

③ • 개미<u>핥기</u>와 인사해요. (   )
• 개미<u>할끼</u>와 인사해요. (   )

2 그림을 나타내는 낱말을 맞춤법에 맞게 고쳐 쓰세요.

① 여 덜 ⇨

② 짤 따 ⇨

③ 할 따 ⇨

★ 친구가 정리한 조리법을 읽고, 아래 질문에 답해 보세요.

한 입 샌드위치 만드는 법

식빵, 잠, 치즈, 햄, 야채를 준비해요.

1. 식빵에 잠을 ❶ 얄께 펴 발라요.

2. 햄과 치즈를 ❷ 널께 펴서 빵 위에 올려요.

3. 좋아하는 만큼 야채를 넣고 식빵을 올려요.

4. ❸ 여덜 등분을 하면 한 입 샌드위치 완성!

완성

3 맞춤법에 맞지 않은 낱말을 바르게 고쳐 쓰세요.

❶ 얄께 ➡

❷ 널께 ➡

❸ 여덜 ➡

맞춤법+받아쓰기 평가 3

1 맞춤법에 맞는 말에 ○표 하세요.

① 책을 (**훑어** / **훌터**)봐요.

② 무릎에 손을 (**언꼬** / **얹고**) 앉아요.

③ 밀가루 반죽을 (**얇게** / **얄께**) 펴요.

2 밑줄 친 낱말을 바르게 고쳐 쓰세요.

① 키가 많이 자라서 바지가 <u>짤바요</u>.

② 귀찮은 동생이지만 <u>업쓰면</u> 심심해요.

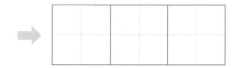

띄어쓰기 더하기

[한 단어는 띄어 쓸까요? 붙여 쓸까요?]

'산속'은 왜 붙여 쓸까요? '산속'은 '산'과 '속'이라는 두 단어를 붙여 쓴 것 같지만 한 단어예요. 이처럼 한 단어는 하나의 낱말이라서 붙여 써야 해요. 두 단어 같아 보이는 한 단어는 '내려앉다', '덜컹덜컹', '말다툼', '물속' 등이 있답니다.

내용 듣기
정답은 107쪽을
확인하세요.

★ 오른쪽 QR 코드를 찍어 불러 주는 말을 잘 듣고, 받아쓰세요.

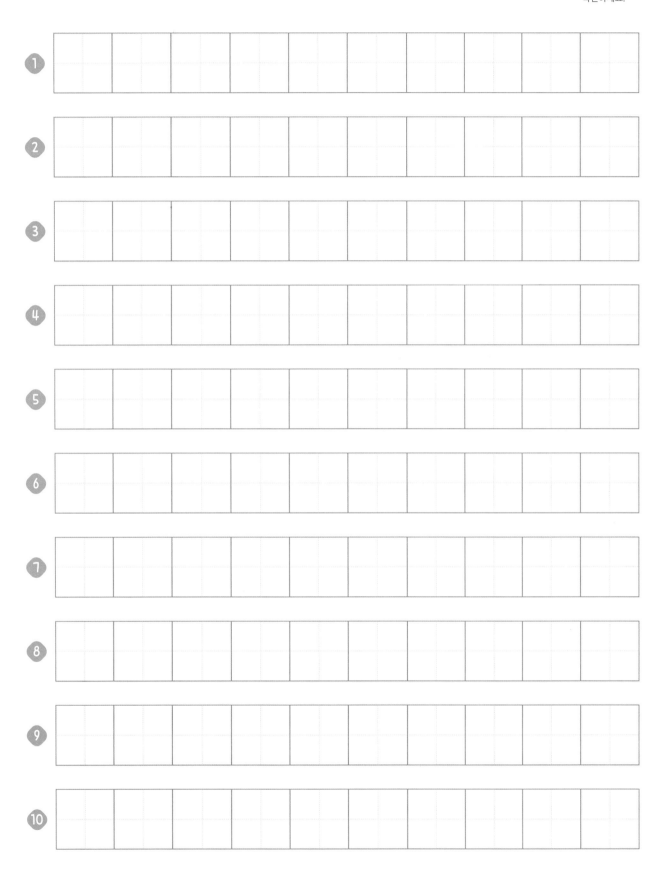

받침이 두 개인 말 ②

'맑은'은 [말근], '맑다'는 [막따]로 소리 나요.
이처럼 겹받침이 쓰인 낱말을 읽을 때 상황에 따라
받침 두 개 중에서 각각 하나의 받침으로만 소리 나는 경우가 있지요.
하지만 쓸 때는 원래 받침을 그대로 살려서 써야 한답니다.

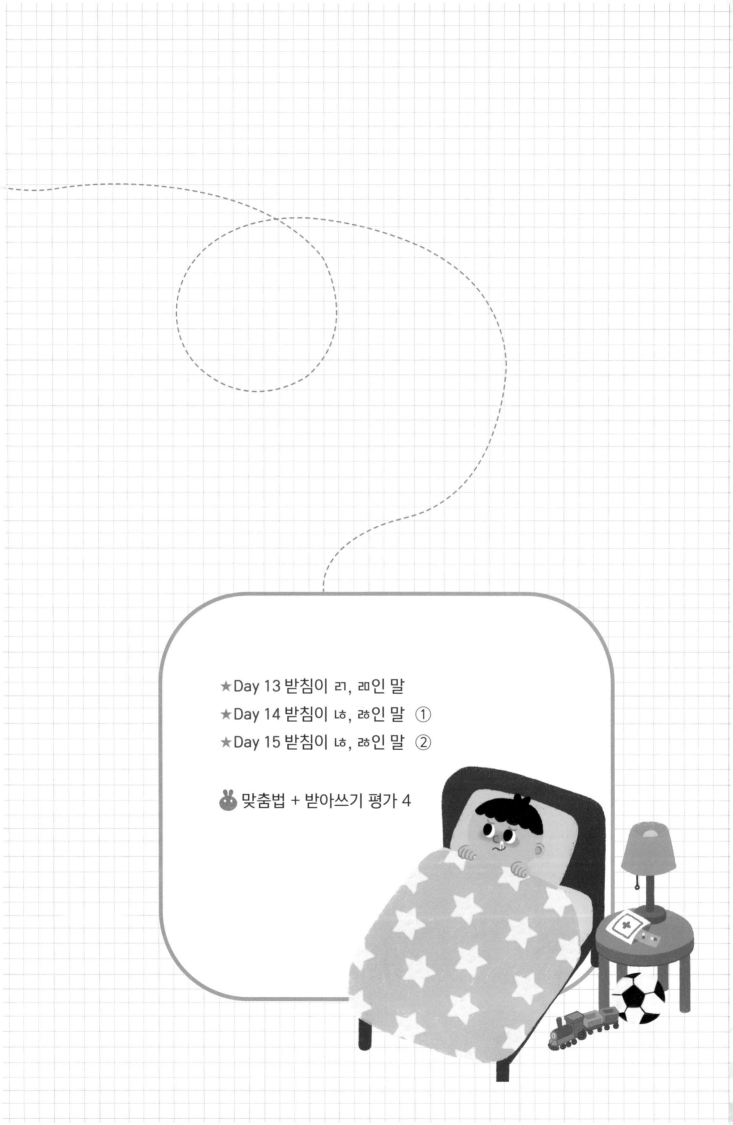

받침이 ㄺ, ㄻ인 말

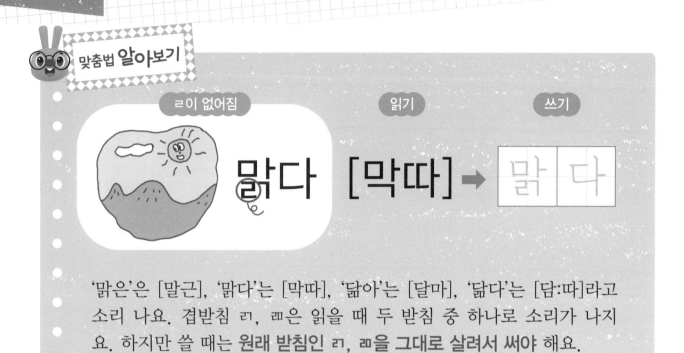

ㄹ이 없어짐   읽기   쓰기

맑다 [막따] ➡ 맑 다

'맑은'은 [말근], '맑다'는 [막따], '닮아'는 [달마], '닮다'는 [담:따]라고 소리 나요. 겹받침 ㄺ, ㄻ은 읽을 때 두 받침 중 하나로 소리가 나지요. 하지만 쓸 때는 원래 받침인 ㄺ, ㄻ을 그대로 살려서 써야 해요.

⭐ 낱말을 소리 내어 읽고, 맞춤법에 맞게 따라 쓰세요.

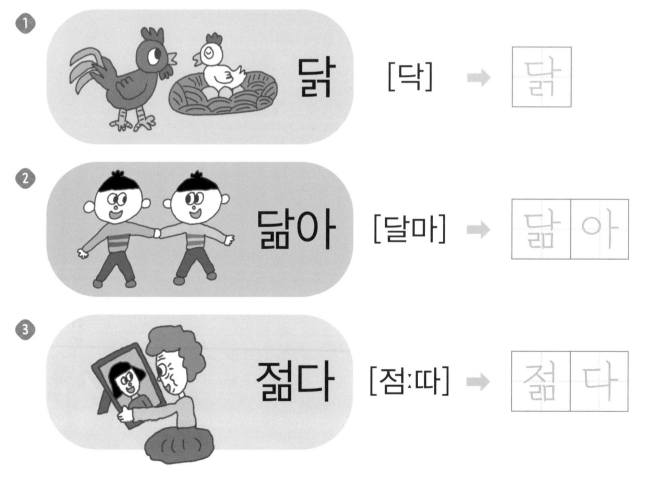

❶ 닭 [닥] ➡ 닭

❷ 닮아 [달마] ➡ 닮 아

❸ 젊다 [점:따] ➡ 젊 다

 맞춤법 따라 쓰기

★ 문장을 소리 내어 읽고, 맞춤법에 맞게 따라 쓰세요.

❶  옥수수를 ｜삶｜고｜ 있어요.
[삼:꼬]

❷  상처가 ｜곪｜아｜서｜ 아파요.
[골마서]

❸  아침을 ｜굶｜어｜서｜ 배고파요.
[굴머서]

❹ 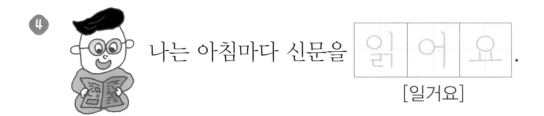 나는 아침마다 신문을 ｜읽｜어｜요｜.
[일거요]

❺ 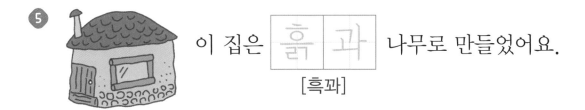 이 집은 ｜흙｜과｜ 나무로 만들었어요.
[흑꽈]

❻  보름달이 ｜밝｜아｜서｜ 무섭지 않아요.
[발가서]

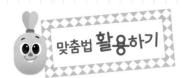

1 그림에 알맞은 낱말을 골라 ○표 하세요.

계곡물이 (**맑아요** / **말가요**).

고구마를 (**삶아** / **살마**) 먹어요.

가족과 (**닥꼬기** / **닭고기**)를 먹었어요.

2 빈칸에 알맞은 낱말을 보기 에서 골라 쓰세요.

보기　　　점꼬　　　젊고　　　밝은　　　발근

반딧불이가 □□ 빛을 내요.

개구리가 □□ 멋진 왕자로 변신했어요.

⭐ 진오가 만든 가족 신문을 읽고, 아래 질문에 답해 보세요.

진오네 가족신문

아빠   엄마

나   누나

책

달빵이

우리 가족은 ❶달믄 점도 많고 다른 점도 많아요.

엄마와 누나는 책 ❷일끼를 좋아하고, 나와 아빠는 축구를 좋아

해요. 아빠는 운동을 많이 해서 다리가 ❸굴거요.

3 맞춤법에 맞지 않은 낱말을 바르게 고쳐 쓰세요.

❶ 달믄 ➡

❷ 일끼 ➡

❸ 굴거요 ➡

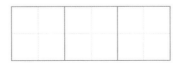

받침이 ㄶ, ㅀ인 말 ①

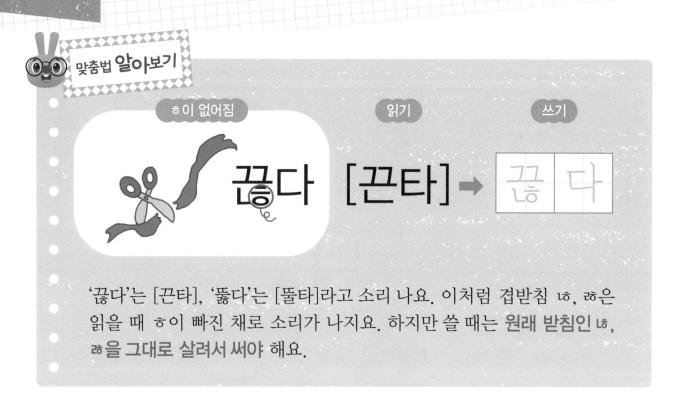

맞춤법 **알아보기**

ㅎ이 없어짐 | 읽기 | 쓰기

끊다 [끈타] ➡ 끊 다

'끊다'는 [끈타], '뚫다'는 [뚤타]라고 소리 나요. 이처럼 겹받침 ㄶ, ㅀ은 읽을 때 ㅎ이 빠진 채로 소리가 나지요. 하지만 쓸 때는 원래 받침인 ㄶ, ㅀ을 그대로 살려서 써야 해요.

⭐ 낱말을 소리 내어 읽고, 맞춤법에 맞게 따라 쓰세요.

① 많다 [만ː타] ➡ 많 다

② 끓다 [끌타] ➡ 끓 다

③ 뚫다 [뚤타] ➡ 뚫 다

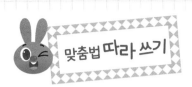 맞춤법 **따라 쓰기**

★ 문장을 소리 내어 읽고, 맞춤법에 맞게 따라 쓰세요.

1  무릎을  꿇고 개미를 관찰해요.
[꿀코]

2  아이가  점잖게 앉아 있어요.
[점·잔케]

3  야채가 너무  많다고 투정 부려요.
[만:타고]

4  동생은 병원에 가기  싫다고 울어요.
[실타고]

5  누나는 군것질을 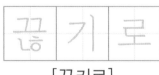 끊기로 약속했어요.
[끈키로]

6  오빠가 청소하기  귀찮다고 누워 있어요.
[귀찬타고]

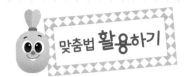

1 맞춤법에 맞게 쓴 문장을 골라 ○표 하세요.

① • 막힌 코를 뻥 <u>뚤코</u> 싶어요. (　　)
• 막힌 코를 뻥 <u>뚫고</u> 싶어요. (　　)

② • 삼촌은 단 음식을 <u>끊기로</u> 했어요. (　　)
• 삼촌은 단 음식을 <u>끈키로</u> 했어요. (　　)

2 다음 그림을 보고 만든 문장을 읽고, 알맞은 낱말에 ○표 하세요.

① 나무꾼이 무릎을 (꿀코 / 꿇고) 모닥불을 피워요.

② 모닥불 위에서 수프가 (끓고 / 끌코) 있어요.

③ 집 옆에서 강아지가 (점잖게 / 점잔케) 기다려요.

14일
학습 끝!

붙임 딱지를 붙여요.

⭐ 친구가 쓴 그림일기를 읽고, 아래 질문에 답해 보세요.

10월 7일 화요일 | 날씨 | 비가 주룩주룩

친구들은 내 동생이 애교가 ❶만코 귀엽다고 했다. 하지만 나는 동생

이 가끔 ❷귀찬타. 내 방에 몰래 들어와서 숙제를 방해할 때가 제일

❸실타. 그래도 가끔 귀여운 행동을 해서 마음이 사르륵 녹는다.

3 맞춤법에 맞지 않은 낱말을 바르게 고쳐 쓰세요.

❶ 만코 ➡

❷ 귀찬타 ➡

❸ 실타 ➡

받침이 ᆭ, ᆶ인 말 ②

맞춤법 **알아보기**

ㅎ이 없어짐 　　　 읽기 　　　 쓰기

많아 [마:나] ➡ 많 | 아

'많아'는 [마:나], '싫어'는 [시러]라고 소리 나요. 겹받침 ᆭ, ᆶ 뒤에 모음이 오면 ㅎ을 소리 내지 않고 ㄴ, ㄹ이 뒤로 넘어가서 소리가 나지요. 하지만 쓸 때 원래 받침인 ᆭ, ᆶ을 그대로 살려서 써야 해요.

⭐ 낱말을 소리 내어 읽고, 맞춤법에 맞게 따라 쓰세요.

1

끊어 [끄너] ➡ 끊 | 어

2

괜찮아 [괜차나] ➡ 괜 | 찮 | 아

3

싫어 [시러] ➡ 싫 | 어

 맞춤법 **따라 쓰기**

★ 문장을 소리 내어 읽고, 맞춤법에 맞게 따라 쓰세요.

1  눈이 | 많 | 이 | 내렸어요.
[마:니]

2  민기야, 다친 데는 | 괜 | 찮 | 아 |?
[괜차나]

3   나는 공포 영화가 | 싫 | 어 | 요 |.
[시러요]

4  비가 오지 | 않 | 아 | 땅이 말랐어요.
[아나]

5 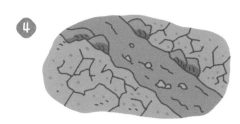 양말이 | 닳 | 아 | 서 | 구멍이 났어요.
[다라서]

6  왕관을 | 잃 | 어 | 버 | 려 | 서 | 깜짝 놀랐어요.
[이러버려서]

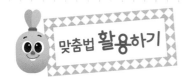

1 다음 그림을 보고, 맞춤법에 맞게 쓴 문장을 선으로 이으세요.

- ㉠ 잠이 오지 <u>아나요</u>.
- ㉡ 잠이 오지 <u>않아요</u>.

- ㉠ 나는 모기가 <u>싫어요</u>.
- ㉡ 나는 모기가 <u>시러요</u>.

- ㉠ 운동화 바닥이 <u>닳아서</u> 떨어졌어요.
- ㉡ 운동화 바닥이 <u>다라서</u> 떨어졌어요.

2 밑줄 친 낱말을 맞춤법에 맞게 고쳐 쓰세요.

코끼리는 풀을 <u>마니</u> 먹어요.

친구가 전화를 뚝 <u>끄너</u> 버렸어요.

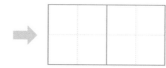

⭐ 호수가 쓴 동시를 읽고, 아래 질문에 답해 보세요.

나쁜 말 고운 말

2학년 윤호수

친구에게 말해요.
'같이 놀기 ❶시러!'
'같이 하고 싶지 ❷아나!'

친구가 울어요.

친구에게 말해요.
'나는 네가 좋아!'
'그래, ❸괜차나!'

친구가 웃어요.

3 맞춤법에 맞지 않은 낱말을 바르게 고쳐 쓰세요.

❶ 시러 ➡ | | |

❷ 아나 ➡ | | |

❸ 괜차나 ➡ | | | |

맞춤법+받아쓰기 평가 4

1 맞춤법에 맞는 말에 ○표 하고, 빈칸에 쓰세요.

(않아 / 아나)

❶ 버스가 오지 ⬚⬚ 계속 기다렸어요.

(실타고 / 싫다고)

❷ 동생이 당근을 먹기 ⬚⬚⬚ 투정 부려요.

2 밑줄 친 낱말을 바르게 고쳐 쓰세요.

❶ <u>발근</u> 달을 보며 소원을 빌어요.

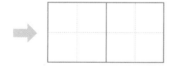

❷ 어제저녁을 <u>굴머서</u> 배가 고파요.

띄어쓰기 더하기

[뜻을 도와주는 말은 앞말에 붙여 써요.]

'너마저', '너부터', '너밖에', '너로만'의 공통점은 무엇일까요? '~마저, ~부터, ~밖에, ~(으)로만'이 '너' 바로 뒤에 붙어서 앞말인 '너'의 뜻을 도와주는 역할을 하지요. 그러므로 낱말의 뜻을 도와주는 말은 반드시 앞에 오는 말에 붙여 써야 한답니다.

내용 듣기
정답은 109쪽을
확인하세요.

⭐ 오른쪽 QR 코드를 찍어 불러 주는 말을 잘 듣고, 받아쓰세요.

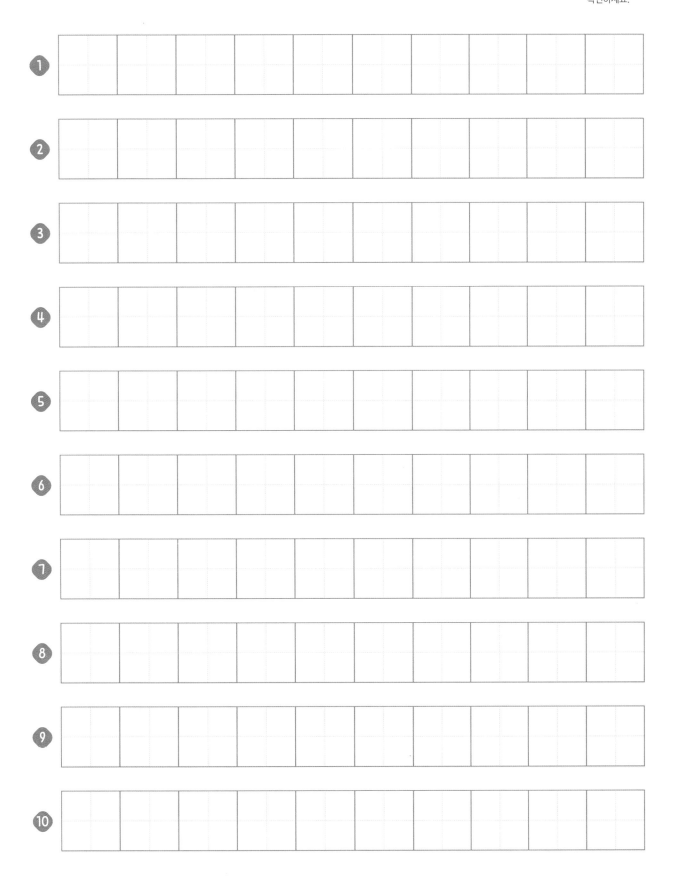

1

2

3

4

5

6

7

8

9

10

뜻에 맞게 구별해서 써야 하는 말

모양은 비슷하지만, 뜻이 다른 말이 있어요.

그래서 서로 바꾸어 사용하거나 구분하지 않고 사용하기도 해요.

이러한 말을 쓸 때는 뜻을 제대로 알고 헷갈리지 않게 사용해야 한답니다.

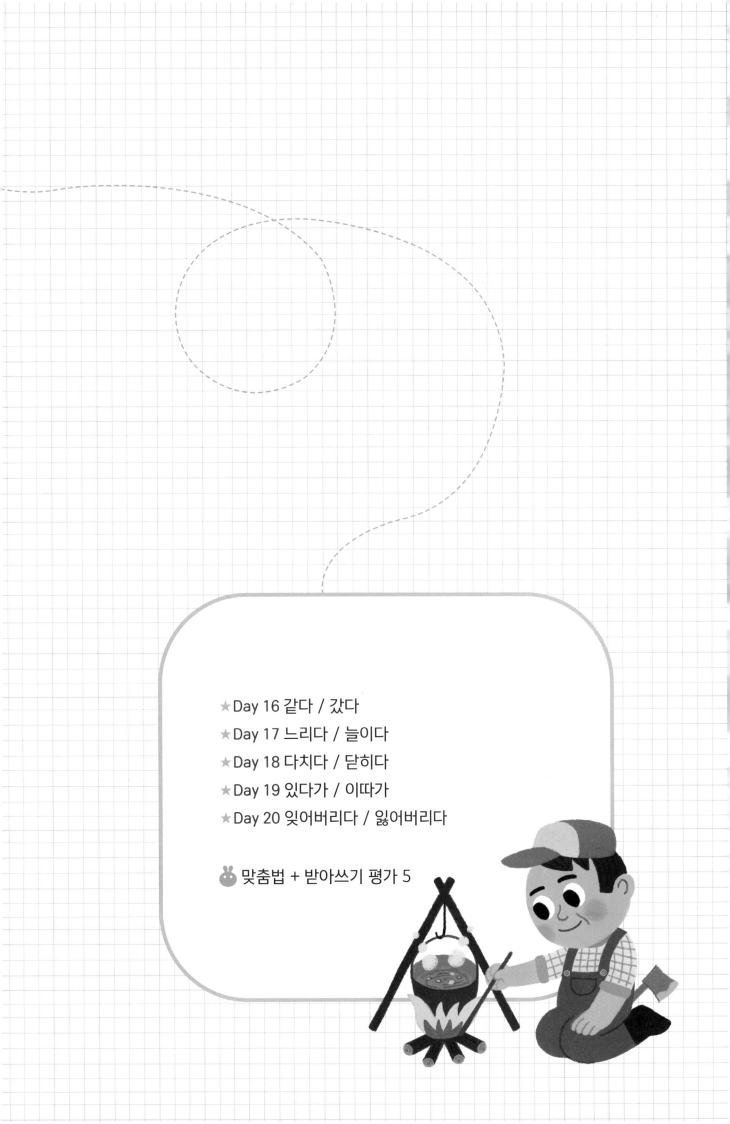

같다 / 갔다

같다

뜻풀이   서로 다르지 않고 하나이다.

활용   친구의 가방과 모양이 같다.

갔다

뜻풀이   한곳에서 다른 곳으로 장소를 이동하다.

활용   약속 장소에 늦게 갔다.

⭐ **낱말을 소리 내어 읽고, 바르게 따라 쓰세요.**

같	다

갔	다

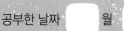
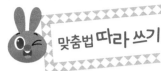
맞춤법 **따라 쓰기**

16일
학습 끝!

붙임 딱지를 붙여요.

★ 다음 그림을 보고, 문장에 알맞은 말을 골라서 따라 쓰세요.

친구와 놀이터에

형제가 쓴 모자 색깔이

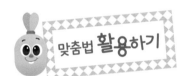
맞춤법 **활용하기**

1 밑줄 친 말이 바르게 쓰인 것에는 ○표, 잘못 쓰인 것에는 ✕표 하세요.

❶ 집에 <u>같더니</u> 할머니가 와 계셨어요.   (   )

❷ 벚꽃이 떨어지는 모습이 영화 <u>같아요</u>.   (   )

2 뜻에 맞게 쓰인 말에 ○표 하세요.

❶ 오빠는 친구와 영화관에 (**갔어요** / **같아요**).

❷ 공원 산책을 (**같다가** / **갔다가**) 딱따구리를 봤어요.

느리다 / 늘이다

느리다

뜻풀이 어떤 동작을 하는 데 걸리는 시간이 길다.

활용 거북이는 토끼보다 걸음이 느리다.

늘이다

뜻풀이 처음 모습보다 더 길어지게 하다.

활용 고무줄을 잡아당겨서 늘이다.

★ **낱말을 소리 내어 읽고, 바르게 따라 쓰세요.**

느	리	다

늘	이	다

⭐ 다음 그림을 보고, 문장에 알맞은 말을 골라서 따라 쓰세요.

자전거는 오토바이보다

느 리 다 .
늘 이 다 .

기지개를 켜서 몸을

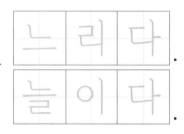
느 리 다 .
늘 이 다 .

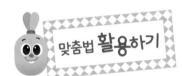
맞춤법 활용하기

1 밑줄 친 말이 바르게 쓰인 것에는 ○표, 잘못 쓰인 것에는 ✕표 하세요.

① 엄마가 바지 길이를 <u>늘여</u> 줬어요.　　　(　)

② 내 농담에 가족들의 반응이 너무 <u>늘여요</u>.　(　)

2 뜻에 맞게 쓰인 말에 ○표 하세요.

① 언니가 리본 끈을 잔뜩 (느려 / 늘여) 놓았어요.

② 배가 고파서 행동이 (느려진 / 늘여진) 것 같아요.

다치다 / 닫히다

맞춤법 알아보기

다치다	닫히다
뜻풀이 부딪치거나 맞거나 하여 신체에 상처가 생기다.	**뜻풀이** 열린 문짝, 뚜껑, 서랍 등이 도로 제자리로 가 막히다.
활용 앞을 보지 않고 뛰다가 다치다.	**활용** 자동문은 저절로 닫히다.

★ **낱말을 소리 내어 읽고, 바르게 따라 쓰세요.**

| 다 | 치 | 다 | | 닫 | 히 | 다 |

 18일 학습 끝!

붙임 딱지를 붙여요.

⭐ 문장을 소리 내어 읽고, 맞춤법에 맞게 따라 쓰세요.

버스 문이 내 앞에서  | 닫 | 히 | 다 | .

바나나 껍질을 밟고  | 다 | 치 | 다 | .

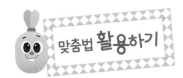 맞춤법 **활용하기**

1 밑줄 친 말이 바르게 쓰인 것에는 ○표, 잘못 쓰인 것에는 ✕표 하세요.

❶ 공원 화장실 문이 <u>닫혀서</u> 당황했어요.   (   )

❷ 핸드폰을 보다가 전봇대에 부딪혀서 <u>다쳤어요.</u> (   )

2 뜻에 맞게 쓰인 말에 ○표 하세요.

❶ 계곡에서 놀다가 (**다치는** / **닫히는**) 경우가 많아요.

❷ 엘리베이터 문이 (**다치면** / **닫히면**) 멈춰서 기다려요.

있다가 / 이따가

맞춤법 **알아보기**

아직 음식이 많이 남았으니 조금 더 있다가 천천히 나가자.

네, 이따가 후식으로 시원한 팥빙수가 나온대요.

있다가	이따가
뜻풀이 어느 곳에서 떠나거나 벗어나지 아니하고 머물다.	**뜻풀이** 조금 지난 뒤에
활용 집에 있다가 밖으로 나왔어요.	**활용** 지금은 바쁘니 이따가 이야기 해요.

★ 낱말을 소리 내어 읽고, 바르게 따라 쓰세요.

있다가 　　　 이따가

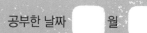

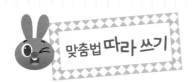

맞춤법 따라 쓰기

19일
학습 끝!

붙임 딱지를 붙여요.

★ 다음 그림을 보고, 문장에 알맞은 말을 골라서 따라 쓰세요.

①

이따가
있다가

비가 올 것 같다.

②

개구리가 가만히

이따가
있다가

폴짝 뛰었다.

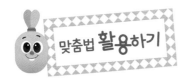

맞춤법 활용하기

1 밑줄 친 말이 바르게 쓰인 것에는 ○표, 잘못 쓰인 것에는 ✕표 하세요.

① 가만히 <u>이따가</u> 갑자기 도망가는 토끼를 봤어요. (　　　)

② 미술관에서 조용히 <u>있다가</u> 나오니 시끄러워요. (　　　)

2 뜻에 맞게 쓰인 말에 ○표 하세요.

① 엄마가 (**이따가** / **있다가**) 젤리를 사주신대요.

② 집에만 (**이따가** / **있다가**) 공원에 나오니 좋아요.

잊어버리다 / 잃어버리다

맞춤법 **알아보기**

어제 공부한 내용을 다 잊어버려서 큰일이네.

나를 두고 가지 마, 잃어버리면 안 돼!

잊어버리다

뜻풀이 알거나 들었던 것을 기억하지 못하다.

활용 약속을 깜빡 잊어버리다.

잃어버리다

뜻풀이 가지고 있던 물건이 자신도 모르게 없어져 갖지 못하게 되다.

활용 실내화를 잃어버리다.

★ 낱말을 소리 내어 읽고, 바르게 따라 쓰세요.

| 잊 | 어 | 버 | 리 | 다 | 잃 | 어 | 버 | 리 | 다 |

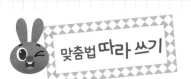
맞춤법 **따라 쓰기**

★ 문장을 소리 내어 읽고, 맞춤법에 맞게 따라 쓰세요.

약속을 | 잊 | 어 | 버 | 리 | 다 |.

가방을 | 잃 | 어 | 버 | 리 | 다 |.

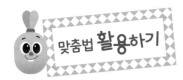
맞춤법 **활용하기**

1 뜻에 맞게 쓰인 말에 ○표 하세요.

❶ 더위를 (**잊고** / **잃고**) 신나게 빙수를 먹었어요.

❷ 약속을 (**잊어버리는** / **잃어버리는**) 경우가 많아요.

2 빈칸에 들어갈 알맞은 낱말을 찾아 선으로 이으세요.

❶ 안경을 어디에 두었는지 [　　　] •

• ㉠ 잃어버렸어요.

❷ 내 소중한 보물 반지를 [　　　] •

• ㉡ 잊어버렸어요.

맞춤법 + 받아쓰기 평가 5

1 맞춤법에 맞게 쓴 문장에 ○표 하세요.

① 나와 윤희는 키가 (**같다** / **갔다**).

② 달팽이는 행동 (**늘이다** / **느리다**).

③ 요정에게 받은 선물을 (**잃어버리다** / **잊어버리다**).

2 빈칸에 들어갈 말을 보기 에서 골라 쓰세요.

보기   잊고   잃고   다친   닫힌   있다가   이따가

① 넘어져서 허리를 [　　] 것 같아요.

② 병원에 [　　　] 이제 집으로 출발해요.

③ 만화책을 읽느라 약속을 [　　] 있었어요.

띄어쓰기 더하기

[꾸며 주는 말은 어떻게 띄어 쓸까요?]

'나는 반짝이는 구슬을 주웠다.'라는 문장에서 '반짝이는'은 뒷말인 '구슬을'을 꾸며 주는 말이에요. 꾸며 주는 말은 뒤에 오는 말의 뜻을 자세하게 설명해 줘요. 문장의 내용을 구체적이고 생생하게 나타낼 수 있지요. 그러므로 꾸며 주는 말과 뒷말은 반드시 띄어 써야 한답니다.

⭐ 오른쪽 QR 코드를 찍어 불러 주는 말을 잘 듣고, 받아쓰세요.

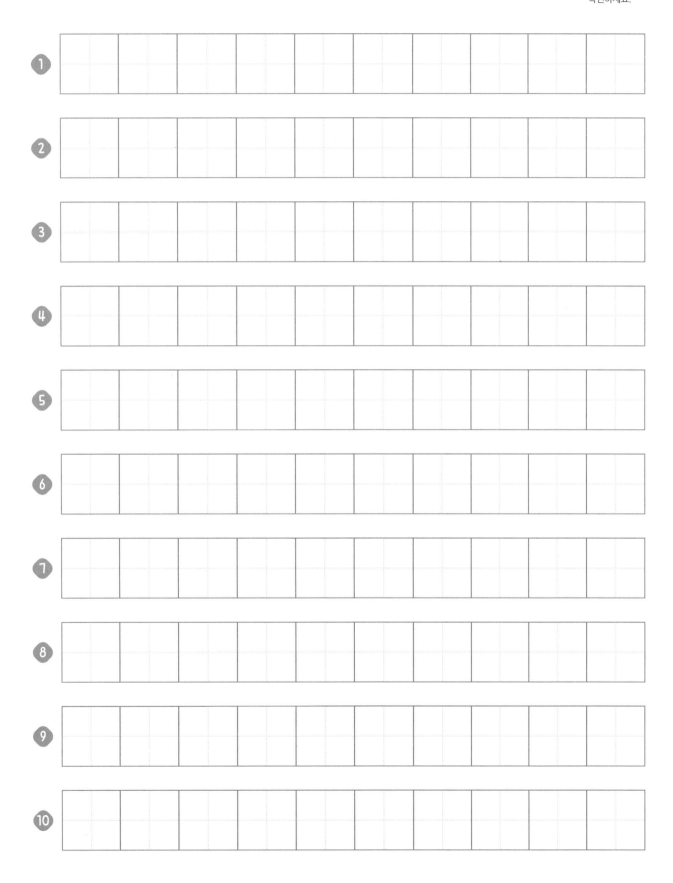

①

②

③

④

⑤

⑥

⑦

⑧

⑨

⑩

정답

⭐ 쪽수를 잘 보고 정답을 확인해 보세요.

1. 닮은 소리가 나는 말

Day 01 [ㄴ]으로 소리 나는 말 14, 15쪽

1

① • 내가 좋아하는 <u>음뇨수</u>가 없어요. ( )
　• 내가 좋아하는 <u>음료수</u>가 없어요. (◯)

② • <u>파충류</u>를 기르고 싶어요. (◯)
　• <u>파충뉴</u>를 기르고 싶어요. ( )

③ • 새로운 <u>대통녕</u>이 선서를 해요. ( )
　• 새로운 <u>대통령</u>이 선서를 해요. (◯)

2

① | 음 | 료 | 수 |

② | 정 | 류 | 장 |

③ | 공 | 룡 |

3

① | 종 | 류 |

② | 공 | 룡 |

③ | 음 | 료 | 수 |

Day 02 [ㄹ]로 소리 나는 말 18, 19쪽

1

① • 줄넘기 연습을 해요. (◯)
　• 줄럼끼 연습을 해요. ( )

② • 설랄에 떡국을 두 그릇 먹었어요. ( )
　• 설날에 떡국을 두 그릇 먹었어요. (◯)

2

① (달님 / 달림)이 밤하늘에서 반짝여요.

② 연못에서 (산실령 / 산신령)이 나타났어요.

③ 내가 잃어버린 (실래화 / 실내화)를 찾아 줬어요.

3

① | 줄 | 넘 | 기 |

② | 원 | 래 |

③ | 훈 | 련 |

Day 03 [ㅁ]으로 소리 나는 말 22, 23쪽

1

①  • ㉠ 쓰레기 <u>줍는</u> 아빠를 도와줘요.
　• ㉡ 쓰레기 <u>줌는</u> 아빠를 도와줘요.

② • ㉠ <u>앞니</u>가 빠져서 밥 먹기 불편해요.
　• ㉡ <u>암니</u>가 빠져서 밥 먹기 불편해요.

③ • ㉠ 동생이 <u>임는</u> 옷은 크기가 작아요.
　• ㉡ 동생이 <u>입는</u> 옷은 크기가 작아요.

2

① | 겁 | 나 | 요 |

② | 앞 | 머 | 리 |

3

① | 소 | 꿉 | 놀 | 이 |

② | 앞 | 마 | 당 |

③ | 입 | 맛 |

Day 04 [ㅇ]으로 소리 나는 말 26, 27쪽

1
① • 오징어가 <u>먹물</u>을 내뿜어요. (⭕)
   • 오징어가 <u>멍물</u>을 내뿜어요. (   )
② • 찌개 <u>궁물</u>을 후루룩 마셔요. (   )
   • 찌개 <u>국물</u>을 후루룩 마셔요. (⭕)
③ • 붓으로 <u>키응만</u> 썼어요. (   )
   • 붓으로 <u>키을만</u> 썼어요. (⭕)

2
① 막 내
② 묶 는

3
① 박 물 관
② 목 마
③ 식 물

맞춤법+받아쓰기 평가 1 28, 29쪽

1 ① 시원한 (음뇨수 /(음료수))를 마셔요.
② 따뜻한 ((난로)/ 날로) 앞에 앉아 있어요.
③ (설랄 /(설날)) 에 세뱃돈을 많이 받고 싶어요.

2
① 앞 니
② 먹 물

★ 오른쪽 QR 코드를 찍어 불러 주는 말을 잘 듣고, 받아쓰세요.

① 공 룡
② 박 물 관
③ 앞 머 리
④ 소 꿉 놀 이
⑤ 줄 넘 기 V 연 습 하 기
⑥ 목 마 를 V 타 요 .
⑦ 막 내 가 V 울 어 요 .
⑧ 달 님 을 V 만 나 요 .
⑨ 실 내 화 를 V 신 어 요 .
⑩ 파 충 류 를 V 키 워 요 .

2. 소리와 모양이 다른 말

Day 05 [ㅈ], [ㅊ]으로 소리 나는 말 34, 35쪽

1
① • 강아지가 <u>샅샅이</u> 냄새를 맡아요. (⭕)
   • 강아지가 <u>산싸치</u> 냄새를 맡아요. (   )
② • 무지개의 <u>끝이</u> 어디일지 궁금해요. (⭕)
   • 무지개의 <u>끄치</u> 어디일지 궁금해요. (   )
③ • 바람에 <u>미닫이문</u>이 스르륵 닫혀요. (⭕)
   • 바람에 <u>미다지문</u>이 스르륵 닫혀요. (   )

2
① 해 돋 이
② 턱 받 이
③ 같 이

3 ❶ | 밭 | 이 |

❷ | 같 | 이 |

❸ | 붙 | 이 | 면 |

Day 06 [ㅋ], [ㅌ]으로 소리 나는 말 38, 39쪽

1 ❶
• ㉠ 식혜는 전통 음료예요.
• ㉡ 시켸는 전통 음료예요.

❷
• ㉠ 준수는 마텽처럼 듬직해요.
• ㉡ 준수는 맏형처럼 듬직해요.

2 ❶ 친구들과 (국화 / 구콰) 축제에 갔어요.

❷ 온통 (노라케 / 노랗게) 물들었어요.

❸ 아름다운 꽃을 보면 (행보캐요 / 행복해요).

3 ❶ | 국 | 화 |

❷ | 맏 | 형 |

❸ | 사 | 이 | 좋 | 게 |

Day 07 [ㅊ], [ㅍ]으로 소리 나는 말 42, 43쪽

1 ❶
• 2 곱하기 1은 무엇일까요? (◯)
• 2 고파기 1은 무엇일까요? ( )

❷
• 콧물이 매친 채 서 있어요. ( )
• 콧물이 맺힌 채 서 있어요. (◯)

❸
• 성격이 그판 아빠의 별명은 번개예요. ( )
• 성격이 급한 아빠의 별명은 번개예요. (◯)

2 ❶ | 입 | 혀 | 요 |

❷ | 꽂 | 힌 |

3 ❶ | 맺 | 힌 |

❷ | 곱 | 하 | 기 |

❸ | 입 | 학 |

Day 08 [ㄴ], [ㄹ] 소리가 덧붙는 말 46, 47쪽

1 ❶
다람쥐가 (솔립 / 솔잎)
향기를 맡아요.

❷
달콤한 케이크를 (한입 / 한닙)
가득 먹었어요.

2 ❶ | 한 | 여 | 름 |

❷ | 담 | 요 |

❸ | 알 | 약 |

3 ❶ | 꽃 | 잎 |

❷ | 색 | 연 | 필 |

❸ | 지 | 하 | 철 | 역 |

Day 09 사이시옷이 붙는 말 ① 50, 51쪽

1 ❶ • 귓속말로 비밀을 말했어요. (◯)
    • 귀쏭말로 비밀을 말했어요. ( )

❷ • 몸이 바위똘처럼 단단해졌어요. ( )
    • 몸이 바윗돌처럼 단단해졌어요. (◯)

❸ • 마녀의 빗자루를 타고 싶어요. (◯)
    • 마녀의 비짜루를 타고 싶어요. ( )

2 ❶ | 빗 | 방 | 울 |

❷ | 맷 | 돌 |

❸ | 바 | 닷 | 가 |

3 ❶ | 촛 | 불 |

❷ | 콧 | 바 | 람 |

❸ | 콧 | 구 | 멍 |

Day 10 사이시옷이 붙는 말 ② 54, 55쪽

1 ❶ • 어제부터 인몸이 아파요. ( )
    • 어제부터 잇몸이 아파요. (◯)

❷ • 빗물을 받아서 화분에 물을 줘요. (◯)
    • 빈물을 받아서 화분에 물을 줘요. ( )

2 ❶ | 콧 | 날 |

❷ | 뱃 | 머 | 리 |

❸ | 시 | 냇 | 물 |

3 ❶ | 훗 | 날 |

❷ | 아 | 랫 | 니 |

❸ | 뒷 | 머 | 리 |

1 ❶ 친구와 (가치 /(같이)) 노래를 불러요.

❷ ((나뭇가지)/ 나묻까지)를 꺾으면 안 돼요.

❸ 날씨가 추워서 ((담요)/ 담뇨)를 덮었어요.

2 ❶ | 하 | 곳 | 길 |

❷ | 잇 | 몸 |

내용 듣기
정답은 106쪽을
확인하세요.

★ 오른쪽 QR 코드를 찍어 불러 주는 말을 잘 듣고, 받아쓰세요.

❶ | 국 | 화 | | | | | | |

❷ | 입 | 학 | | | | | | |

❸ | 해 | 돋 | 이 | | | | | |

❹ | 빗 | 자 | 루 | | | | | |

❺ | 생 | 일 | ∨ | 축 | 하 | ∨ | 편 | 지 |

❻ | 눈 | 물 | 이 | ∨ | 맺 | 혀 | 요 | . |

❼ | 알 | 약 | 을 | ∨ | 먹 | 어 | 요 | . |

❽ | 스 | 티 | 커 | 를 | ∨ | 붙 | 여 | 요 | . |

❾ | 넓 | 은 | ∨ | 밭 | 이 | ∨ | 있 | 어 | 요 | . |

❿ | 비 | 눗 | 방 | 울 | 이 | ∨ | 좋 | 아 | 요 | . |

---

3. 받침이 두 개인 말 ①

Day 11 받침이 ㄳ, ㄵ, ㅄ인 말 62, 63쪽

1 ❶ • 공원에 아무도 업써요. ( )
• 공원에 아무도 없어요. (◯)

❷ • 일한 품삯으로 쌀을 받았어요. (◯)
• 일한 품싹으로 쌀을 받았어요. ( )

❸ • 엄마의 사랑은 값을 따질 수 없어요. (◯)
• 엄마의 사랑은 갑을 따질 수 없어요. ( )

2 ❶ | 넋 |

❷ | 엱 | 고 |

3 ❶ | 앉 | 아 | 서 |

❷ | 값 |

❸ | 없 | 어 | 요 |

Day 12 받침이 ㄼ, ㄾ인 말 66, 67쪽

1 ❶ • 알림장을 훑어봤어요. (◯)
• 알림장을 훌터봤어요. ( )

❷ • 넓은 공원에서 자전거를 타요. (◯)
• 널븐 공원에서 자전거를 타요. ( )

❸ • 개미핥기와 인사해요. (◯)
• 개미할끼와 인사해요. ( )

2 ❶

여	덟

❷

짧	다

❸

핥	다

3 ❶

얇	게

❷

넓	게

❸

여	덟

맞춤법+받아쓰기 평가 3 68, 69쪽

1 ❶ 책을 (**훑어**/ 훌터)봐요.

❷ 무릎에 손을 (언꼬 /**얹고**) 앉아요.

❸ 밀가루 반죽을 (**얇게**/ 얄께) 펴요.

2 ❶

짧	아	요

❷

없	으	면

★ 오른쪽 QR 코드를 찍어 불러 주는 말을 잘 듣고, 받아쓰세요.

❶

값								

❷

몫								

❸

얇	다							

❹

여	덟	V	살					

❺

바	지	가	V	짧	아	요	.	

❻

마	당	이	V	넓	어	요	.	

❼

의	자	에	V	앉	아	요	.	

❽

숙	제	가	V	없	어	요	.	

❾

감	이	V	너	무	V	떫	어	요	.

❿

강	아	지	가	V	가	엾	어	요	.

4. 받침이 두 개인 말 ②

Day 13 받침이 ㄺ, ㄻ인 말 74, 75쪽

1
① 계곡물이 (**맑아요** / 말가요).

② 고구마를 (**삶아** / 살마) 먹어요.

③ 가족과 (닥꼬기 / **닭고기**)를 먹었어요.

2
① 밝 은

② 젊 고

3
① 닮 은

② 읽 기

③ 굶 어 요

Day 14 받침이 ㄶ, ㅀ인 말 ① 78, 79쪽

1
①
• 막힌 코를 뻥 뚫코 싶어요. ( )
• 막힌 코를 뻥 뚫고 싶어요. (◯)

②
• 삼촌은 단 음식을 끊기로 했어요. (◯)
• 삼촌은 단 음식을 끈키로 했어요. ( )

2
① 나무꾼이 무릎을 (꿀코 / **꿇고**) 모닥불을 피워요.

② 모닥불 위에서 수프가 (**끓고** / 끌코) 있어요.

③ 집 옆에서 강아지가 (**점잖게** / 점잔케) 기다려요.

3
① 많 고

② 귀 찮 다

③ 싫 다

Day 15 받침이 ㄶ, ㅀ인 말 ② 82, 83쪽

1

①
• ㉠ 잠이 오지 아나요.
• ㉡ 잠이 오지 않아요.

②
• ㉠ 나는 모기가 싫어요.
• ㉡ 나는 모기가 시러요.

③
• ㉠ 운동화 바닥이 닳아서 떨어졌어요.
• ㉡ 운동화 바닥이 다라서 떨어졌어요.

2
① 많 이

② 끊 어

3
① 싫 어

② 앓 아

③ 괜 찮 아

108 맞춤법+받아쓰기 2

맞춤법+받아쓰기 평가 4 84, 85쪽

1

① 버스가 오지 (**않아** / 아나) 계속 기다렸어요.

버스가 오지 **않 아** 계속 기다렸어요.

② 동생이 당근을 먹기 (실타고 / **싫다고**) 투정 부려요.

동생이 당근을 먹기 **싫 다 고** 투정 부려요.

2

① **밝 은**

② **굶 어 서**

★ 오른쪽 QR 코드를 찍어 불러 주는 말을 잘 듣고, 받아쓰세요.

정답 듣기
정답은 109쪽을
확인하세요.

① **닭**

② **젊 다**

③ **괜 찮 아**

④ **흙 과 ∨ 나 무**

⑤ **전 화 를 ∨ 끊 다 .**

⑥ **비 가 ∨ 많 이 ∨ 내 려 요 .**

⑦ **국 이 ∨ 끓 고 ∨ 있 어 요 .**

⑧ **잠 이 ∨ 오 지 ∨ 않 아 요 .**

⑨ **밤 을 ∨ 삶 고 ∨ 있 어 요 .**

⑩ **나 는 ∨ 채 소 가 ∨ 싫 어 요 .**

5. 뜻에 맞게 구별해서 써야 하는 말

Day 16 같다 / 갔다 89쪽

① 친구와 놀이터에 ~~같다~~ **갔다** .

② 형제가 쓴 모자 색깔이 **같다** ~~갔다~~ .

1 ① 집에 같더니 할머니가 와 계셨어요.   (✗)

② 벚꽃이 떨어지는 모습이 영화 같아요.   (◯)

2 ① 오빠는 친구와 영화관에 (**갔어요** / 같아요).

② 공원 산책을 (같다가 / **갔다가**) 딱따구리를 봤어요.

Day 17 느리다 / 늘이다 91쪽

① 자전거는 오토바이보다 **느리다** ~~늘이다~~ .

② 기지개를 켜서 몸을 ~~느리다~~ **늘이다** .

1 ① 엄마가 바지 길이를 늘여 줬어요.   (◯)

② 내 농담에 가족들의 반응이 너무 늘여요.   (✗)

2 ① 언니가 리본 끈을 잔뜩 (느려 / **늘여**) 놓았어요.

② 배가 고파서 행동이 (**느려진** / 늘여진) 것 같아요.

Day 18 다치다 / 닫히다 93쪽

1 ❶ 공원 화장실 문이 닫혀서 당황했어요. (O)

　❷ 핸드폰을 보다가 전봇대에 부딪혀서 다쳤어요. (O)

2 ❶ 계곡에서 놀다가 (다치는 / 닫히는) 경우가 많아요.

　❷ 엘리베이터 문이 (다치면 / 닫히면) 멈춰서 기다려요.

Day 19 있다가 / 이따가 95쪽

❶ 이따가 비가 올 것 같다.
　있다가

❷ 개구리가 가만히 이따가 폴짝 뛰었다.
　있다가

1 ❶ 가만히 이따가 갑자기 도망가는 토끼를 봤어요. (X)

　❷ 미술관에서 조용히 있다가 나오니 시끄러워요. (O)

2 ❶ 엄마가 (이따가 / 있다가) 젤리를 사주신대요.

　❷ 집에만 (이따가 / 있다가) 공원에 나오니 좋아요.

Day 20 잊어버리다 / 잃어버리다 97쪽

1 ❶ 더위를 (잊고 / 잃고) 신나게 빙수를 먹었어요.

　❷ 약속을 (잊어버리는 / 잃어버리는) 경우가 많아요.

2 ❶ 안경을 어디에 두었는지 [　　] ⓐ 잃어버렸어요.

　❷ 내 소중한 보물 반지를 [　　] ⓑ 잊어버렸어요.

맞춤법+받아쓰기 평가 5 98, 99쪽

1 ❶ 나와 윤희는 키가 (같다 / 갔다).

　❷ 달팽이는 행동 (늘이다 / 느리다).

　❸ 요정에게 받은 선물을 (잃어버리다 / 잊어버리다).

2 ❶ | 다 | 친 | |

　❷ | 있 | 다 | 가 |

　❸ | 잊 | 고 | |

내용 듣기
정답은 110쪽을
확인하세요.

★ 오른쪽 QR 코드를 찍어 불러 주는 말을 잘 듣고, 받아쓰세요.

❶ | 잊 | 어 | 버 | 리 | 다 | | | |

❷ | 잃 | 어 | 버 | 리 | 다 | | | |

❸ | 문 | 이 | V | 닫 | 히 | 다 | . | |

❹ | 허 | 리 | 를 | V | 다 | 치 | 다 | . |

❺ | 공 | 원 | 에 | V | 갔 | 어 | 요 | . |

❻ | 속 | 도 | 가 | V | 느 | 려 | 요 | . |

❼ | 고 | 무 | 줄 | 을 | V | 늘 | 여 | 요 | . |

❽ | 옷 | V | 색 | 깔 | 이 | V | 같 | 아 | 요 | . |

❾ | 이 | 따 | 가 | V | 이 | 야 | 기 | 해 | 요 | . |

❿ | 약 | 속 | 을 | V | 잊 | 어 | 버 | 렸 | 어 | 요 | . |